Neue Orientalische Bibliothek

ABŪ L-ʿALĀʾ AL-MAʿARRĪ

Paradies und Hölle

Die Jenseitsreise aus dem
«Sendschreiben über die Vergebung»

Aus dem Arabischen übersetzt und herausgegeben
von Gregor Schoeler

VERLAG C. H. BECK

Mit 3 Abbildungen aus dem *Buch von der Himmelsreise Muhammads* (Miʿrādschnāme), 1463; © Bibliothèque nationale de France, Paris, Manuscrit Suppl. Turc. 190

ISBN 3 406 48446 8

Gesamtherstellung: Kösel, Kempten
Signet: Karl Schlamminger, München
Gedruckt auf säurefreiem, alterungsbeständigem Papier
(hergestellt aus chlorfrei gebleichtem Zellstoff)
Printed in Germany

www.beck.de

INHALT

ZUR TRANSKRIPTION UND AUSSPRACHE DER ARABISCHEN LAUTE
7

EINLEITUNG: DER DICHTER UND SCHRIFTSTELLER ABŪ L-ʿALĀʾ AL-MAʿARRĪ
9

DIE JENSEITSREISE AUS DEM «SENDSCHREIBEN ÜBER DIE VERGEBUNG»
39

Erster Teil: Das Paradies (I)
43

Zwischenspiel: Die Erzählung des Scheichs von seiner Auferstehung, dem Jüngsten Gericht und seinem Eintritt ins Paradies
113

Zweiter Teil: Das Paradies (II)
129

Dritter Teil: Zwischen Paradies und Hölle
151

INHALT

Vierter Teil: Die Hölle
173

Fünfter Teil: Die Rückkehr ins Paradies
203

Literaturverzeichnis
221

ZUR TRANSKRIPTION UND AUSSPRACHE DER ARABISCHEN LAUTE

Zur Umschreibung der arabischen Laute wurde auf Wunsch des Verlages ein vereinfachtes, an die deutsche Orthographie angepaßtes und, wenn möglich, von dieser ausgehendes System angewandt. Es ermöglicht den Lesern, die arabischen Namen und Wörter richtig oder doch annähernd richtig auszusprechen. Einer Erklärung bedürfen folgende Buchstaben und Buchstabenverbindungen:

ʾ	Knacklaut (Stimmritzenverschlußlaut), wird im Deutschen vor jedem vokalisch anlautenden Wort gesprochen, *ʾanders, ʾunter,* besonders deutlich in *ja ʾaber*
ʿ	dem Arabischen eigentümlicher, tief im Schlund gebildeter Reibelaut
dh	stimmhaftes englisches *th,* wie in *the, this*
th	stimmloses englisches *th,* wie in *thin, thick*
gh	weiches *g,* annähernd wie deutsches Zäpfchen-*r*
z	stimmhaftes deutsches *s,* wie in *summen, sausen*
q	tiefes emphatisches *k*
w	englisches *w,* wie in *water, William*

a, i und *u* bezeichnen kurze Vokale; *ā, ī* und *ū* die entsprechenden langen Vokale.

EINLEITUNG
DER DICHTER UND SCHRIFTSTELLER ABŪ L-ʿALĀʾ AL-MAʿARRĪ

Ahmad ibn (‹Sohn des›) ʿAbdallāh, bekannt unter dem Ehrennamen Abū l-ʿAlāʾ (‹Vater des Adels›) und der Herkunftsbezeichnung al-Maʿarrī (‹der aus Maʿarrat an-Nuʿmān›, einer nordsyrischen Stadt) (973–1057), ist nicht nur einer der bedeutendsten arabischen Dichter und Schriftsteller, sondern auch eine der merkwürdigsten Figuren der Weltliteratur. Diese Feststellung ist sowohl aufgrund des Charakters und der Weltanschauung als auch aufgrund des Werkes dieses Autors berechtigt. Bevor wir auf ihn selbst eingehen, sollen aber die politischen und kulturellen Verhältnisse dargestellt werden, die zu seinen Lebzeiten geherrscht haben.

Die politischen und kulturellen Verhältnisse

Als unser Autor geboren wurde, und noch Jahrzehnte danach, wurde seine Heimat Nordsyrien von der Dynastie der Hamdāniden (945–1004) regiert. Sie ist in der islamischen Geschichte hochberühmt, zum einen, weil ihr die ehrenvolle Aufgabe zukam, den Glaubenskampf gegen das sich nach Osten wieder ausdehnende Byzanz zu führen, zum anderen aber auch deshalb, weil ihr Begründer und berühmtester Vertreter, der Fürst Saifaddaula (reg. 945–967), in seiner Hauptstadt Aleppo als Mäzen von Dichtern, Philosophen und anderen bedeutenden Leuten im 10. Jahrhundert eine ähnliche Rolle spielte wie Herzog Karl August im Weimar der Goethezeit. An Saifaddaulas Hofe lebten und wirkten unter anderen der bedeutende Philosoph al-Fārābī (gest. 950) und der Dichter al-Mutanabbī (gest. 965),[1] den die Araber allgemein als ihren größten Dichter ansehen und den auch Abū l-ʿAlāʾ wie keinen anderen hochgeschätzt hat.

Aber vom Glanz der Hamdānidenherrschaft war zu Abū l-ʿAlāʾs Lebzeiten nicht mehr viel übriggeblieben. Andere Dynastien bestimmten die Geschicke der islamischen Welt. Im Osten waren dies die schiitischen Būjiden. Sie hatten, von Persien kommend, im Jahre 945 Bagdad erobert und den dort residierenden Kalifen unter ihre Vormundschaft gestellt. Erst viel später, wenige Jahre vor Abū l-ʿAlāʾs Tode, sollten die türkischstämmigen strengsunnitischen Seldschuken die Būjiden vertreiben (1055) und so dem Skandal ein Ende bereiten, daß das Haupt der ‹orthodoxen› sunnitischen Muslime zu einer Marionette ‹heterodoxer› schiitischer Herrscher geworden war. Die Machtbefugnis des Kalifen blieb allerdings fortan auf den religiösen Bereich beschränkt; die weltliche Macht übten im Osten nun die Seldschuken, nicht anders als vor ihnen die Būjiden, aus.

Die andere Großmacht der islamischen Welt, die kurz nach der Geburt unseres Dichters, von Tunesien kommend, Ägypten eroberte und bald auch Palästina, die Heiligen Stätten auf der arabischen Halbinsel und Südsyrien unter ihre Herrschaft bringen konnte, waren die ebenfalls schiitischen Fātimiden. Diese Dynastie, deren Herrscher sich – in Konkurrenz zu dem sunnitischen ʿAbbāsidenkalifen in Bagdad – ebenfalls ‹Kalifen› nannten, gehörte einer anderen schiitischen Untersekte an als die Būjiden: Sie waren Ismaeliten. Diese lehren, daß es neben der offiziellen ‹exoterischen› Auslegung des Korans noch einen ‹esoterischen› Sinn des Heiligen Buches gebe; in ihn wird der Adept stufen-

[1] Über ihn s. Anm. 19 der Übersetzung.

weise eingeweiht. Die Fātimiden waren eine recht langlebige Dynastie; sie wurden erst 1171 von dem Aijūbidensultan Saladin, dem hochberühmten Rückeroberer des von den Kreuzfahrern 1099 eroberten Jerusalem, abgelöst. – Auch Aleppo stand zeitweise unter fātimidischer Oberhoheit (ab 1009; von 1017 bis 1025 unter Gouverneuren). Abū l-ʿAlāʾs Heimatstadt Maʿarra war sogar schon früher als Aleppo, seit 996, vorübergehend fātimidisch geworden. Unser Dichter sollte mit zwei fātimidischen Gouverneuren, einem General und sogar mit einem Fātimidenherrscher in Verbindung treten.

Reisende[2] und Geographen berichten von dem überwältigenden Eindruck, den die fātimidische Hauptstadt Kairo mit ihrer prunkvollen Hofhaltung, ihren Zeremonien bei öffentlichen Festen, ihrer günstigen wirtschaftlichen und finanziellen Lage, dem Wohlstand ihrer Bewohner, ihren Hochhäusern und Parks auf sie gemacht habe. Unter dem ersten Fātimidenkalifen, al-Muʿizz, waren Kairo 969 als Hauptstadt des Reiches und die Azhar-Moschee als deren religiöses Zentrum gegründet worden. Dieser Moschee wurde zur Zeit des Sohnes von al-Muʿizz eine Lehrstätte der schiitischen Theologie und der Wissenschaften überhaupt angeschlossen, so daß die Azhar-Hochschule einer heutigen Universität entsprach. Vor einigen Jahrzehnten wurde das 1000jährige Bestehen der Azhar-Universität gefeiert, die heute das wichtigste geistige Zentrum des Islams überhaupt ist.

Die letzte Dynastie, die wir hier erwähnen müssen, weil sie – in der zweiten Hälfte von Abū l-ʿAlāʾs Leben – über seine Heimat herrschte und in seinem Leben eine Rolle spielte, sind die Mirdāsiden (1023–79). Es handelt sich um ein beduinisches Geschlecht, das, aus dem Irak stammend,

[2] Darunter der unten zu nennende Nāsir-i Chusrau.

in Nordsyrien eingedrungen war. Dort gelang es dem ersten Mirdāsidenherrscher im Jahre 1025, den fātimidischen Gouverneur zu besiegen. Er und seine Nachfolger herrschten dann – freilich in ständiger Auseinandersetzung mit den Fātimiden – noch bis über den Tod al-Maʿarrīs hinaus in Aleppo. Unter der Regierung eines Angehörigen dieser Dynastie, Schibladdaula, schrieb Abū l-ʿAlāʾ um das Jahr 1033 sein *Sendschreiben über die Vergebung.*

Al-Maʿarrīs Leben

Wir müssen uns jetzt der Biographie unseres Autors zuwenden. Geboren wurde er im Jahre 973 in der kleinen nordsyrischen Provinzstadt Maʿarrat an-Nuʿmān, etwa 70 km südlich von Aleppo. Er entstammte einer angesehenen Familie; der Vater, ʿAbdallāh ibn Sulaimān, soll nach einer Aussage des Sohnes ebenfalls Philologe und Dichter gewesen sein. Die Familie der Mutter stammte aus Aleppo. Im Alter von vier Jahren erblindete Abū l-ʿAlāʾ in Folge einer Pockenerkrankung.[3] Er hat seine Blindheit als ‹Gefängnis› empfunden und so bezeichnet. Diese Behinderung wurde allerdings bis zu einem gewissen Grade durch seine außergewöhnliche Gedächtniskraft ausgeglichen, der in späteren biographischen Werken fabelhafte Ausmaße zugeschrieben wurden.

Der erste Lehrer des jungen Abū l-ʿAlāʾ war sein Vater. Dann studierte er unter der Leitung verschiedener Lehrer in seiner Heimatstadt Maʿarra und in Aleppo islamische Religion, Sprachwissenschaft und Literatur. Im Jahre 1004/05 verlor Abū l-ʿAlāʾ seinen Vater, dessen Verlust er in einem erhaltenen Trauergedicht beklagte. Drei Jahre danach ver-

[3] Die zahlreichen Werke, die unser Autor später geschrieben hat, hat er allesamt Schreibern diktiert.

ließ er seine Heimatstadt und begab sich nach Bagdad. Nach seiner eigenen Aussage waren es vor allem die Bibliotheken, die ihn dorthin zogen; doch mag er insgeheim auch die Hoffnung gehegt haben, dort als Lobdichter[4] Karriere zu machen. Er wurde in Bagdad gut aufgenommen und lernte viele Gelehrte und Literaten kennen. So erhielt er auch Zutritt zu dem literarischen Salon des schiitischen Adelsmarschalls und Literaten asch-Scharīf al-Murtadā (gest. 1044). Mit ihm geriet er allerdings während einer schöngeistigen Sitzung in einen heftigen Streit über den Rang der Dichtung al-Mutanabbīs, die von al-Murtadā schwer kritisiert, von Abū l-ʿAlāʾ aber ebenso heftig verteidigt wurde. Al-Murtadā ließ darauf al-Maʿarrī an den Füßen aus dem Salon schleifen. Daß unser Autor nur anderthalb Jahre (bis 1010) in der ʿabbāsidischen Hauptstadt blieb, mag auch mit diesem Vorfall zusammenhängen. Er selbst hat allerdings seinen vorzeitigen Abschied von Bagdad in einem Vers anders erklärt:

> Zwei Gründe haben mich veranlaßt, von euch
> fortzuziehen: Eine Mutter, die ich so lange
> nicht mehr gesehen habe, und ein Vermögen,
> in dem kein Segen mehr hing.

Als Abū l-ʿAlāʾ wieder in Maʿarra eintraf, war seine Mutter bereits gestorben. Er hat zwei ergreifende Trauergedichte auf ihren Tod verfaßt. Der Dichter beschloß nun, sich aus der Gesellschaft zurückzuziehen, in seinem Haus zu bleiben und das Leben eines Asketen zu führen. Von dieser Zeit an erhielt er den Übernamen ‹der zwiefach Gefangene› (d.h. durch seine Blindheit und sein Haus).

[4] Zur Hochschätzung der Lobdichtung s. Anm. 378 der Übersetzung. – Abū l-ʿAlāʾ hat insgesamt nur wenige und nach seiner Rückkehr aus Bagdad keine Lobgedichte mehr verfaßt.

Al-Maʿarrī verbrachte sein Leben nun damit, daß er Schüler um sich versammelte und unterrichtete, indem er, wie dies damals üblich war, wissenschaftliche Schriften und Gedichte (auch seine eigenen) mit ihnen las und kommentierte. Er schrieb Prosawerke und Gedichte und führte Korrespondenz mit Gelehrten und anderen angesehenen Zeitgenossen. Nur noch einmal, 1026/27, hat er, anläßlich einer politischen Mission beim ersten Mirdāsidenherrscher (die übrigens erfolgreich verlief), sein Haus verlassen.

Überhaupt war sein Rückzug aus der Gesellschaft nicht vollständig: Sein Haus in Maʿarra wurde das Ziel zahlreicher Besucher; worunter sich Wesire, ein Gouverneur (von Aleppo) und natürlich zahlreiche Gelehrte befanden. Der interessanteste Besucher der Stadt, der dort im Jahre 1047 Station machte, allerdings bei Abū l-ʿAlāʾ selbst nicht vorsprach, sondern nur nach Hörensagen über ihn berichtete, ist der persische Dichter und Esoteriker Nāsir-i Chusrau (gest. um 1072). Als ismaelitischer Schiit und Missionar seiner Sekte war er auf dem Weg nach Kairo, wo ja sein oberster Herr, der ismaelitische Fātimidenkalif regierte. Nāsir-i Chusraus Bericht widerspricht insofern etwas den anderen Nachrichten, die wir über al-Maʿarrī besitzen, als er unseren Autor – trotz dessen selbstauferlegter Askese, die auch er hervorhebt – als sehr reich und als eine Art Bürgermeister der Stadt beschreibt, dem alle Einwohner dienten.

Abū l-ʿAlāʾ starb nach einer kurzen Krankheit 84jährig im Jahre 1057. Es wird berichtet, daß bei seinem Tode der berühmte christliche Arzt Ibn Butlān (gest. 1066), Verfasser eines interessanten ‹Ärzteromans›, der erhalten ist und auch in einer neueren deutschen Übersetzung[5] vorliegt, zugegen war.

[5] Ibn Butlān, *Das Ärztebankett*... Übersetzt und mit einer Einleitung sowie Anmerkungen versehen von F. Klein-Francke. Stuttgart 1984.

Al-Maʿarrīs Weltanschauung

Über die Weltanschauung al-Maʿarrīs sind wir aus erster Hand, durch seine Schriften, sowie auch durch Berichte anderer über ihn unterrichtet. Seine ‹Philosophie›, die er als Dichter freilich nicht in eine systematische Form gebracht hat, die er vielmehr – nicht immer widerspruchsfrei – vor allem in seiner zweiten Gedichtsammlung (s. unten), des weiteren auch in Briefen und Prosawerken dargelegt hat, ist in hohem Maße merkwürdig, fällt sie doch aus dem Rahmen dessen, was zu seiner Zeit im islamischen Kulturraum üblicherweise gedacht wurde, in auffallender Weise heraus. Man kann sie mit drei Begriffen zusammenfassend beschreiben: Pessimismus, Skeptizismus und Rationalismus. Unter diesen Rubriken sollen auch seine Ethik und Moralphilosophie kurz mitbehandelt werden.

Al-Maʿarrīs Weltanschauung ist extrem pessimistisch. Immer wieder drückt er aus, daß er Zeugung, die ja nur zu neuem Leid führt, als Sünde betrachtet; nur der Tod, das Verschwinden der Menschheit, kann die Menschen erlösen. Aus diesem Grunde hat al-Maʿarrī auch nicht geheiratet und keine Kinder in die Welt gesetzt. Er soll gewünscht haben, daß folgender Vers auf sein Grab geschrieben werde:

> Dieses Verbrechen hat mir mein Vater angetan;
> ich habe niemandem ein solches Verbrechen angetan.

Der Wunsch ist ihm erfüllt worden; man findet den Vers heute auf dem Grab des Dichters in seinem Mausoleum in Maʿarrat an-Nuʿmān.

Wie in der Philosophie Arthur Schopenhauers, dessen Geistesverwandter er in vieler Hinsicht war, entspricht in al-Maʿarrīs Denken dem weltanschaulichen Pessimismus eine

Ethik, in welcher das Mitleid mit der leidenden Kreatur, namentlich auch mit den Tieren, zentral ist. Al-Maʿarrī war Vegetarier der strengsten Observanz; von einem bestimmten Zeitpunkt seines Lebens an aß er nicht nur kein Fleisch und keinen Fisch, sondern lehnte auch den Genuß von Milch, Eiern und Honig ab. – Ein anderer Aspekt seiner Ethik ist die strenge Askese (Fasten, verbunden mit Nachtwachen), die er sich auferlegte. Die Askese schloß natürlich auch den Genuß alkoholischer Getränke aus, die ja auch vom islamischen Gesetz verboten sind. – Ein dritter Aspekt sei noch kurz erwähnt: es ist der Stoizismus, der bei Abū l-ʿAlāʾ so weit geht, daß er erklärt, keinerlei Angst vor dem Tod zu haben.

Al-Maʿarrīs Skeptizismus äußert sich in seinem Zweifeln an der Sicherheit jeglicher metaphysischen Erkenntnis. Von diesem Skeptizismus unberührt ist allerdings der Glaube an einen Schöpfergott; zu diesem Dogma bekennt sich unser Autor vielmehr ausdrücklich an zahlreichen Stellen. Wohl aber betrifft sein Skeptizismus gewisse andere Lehren der islamischen Religion. Mit dem Glauben an die leibliche Auferstehung hatte er offenbar große Mühe.[6] Mit heftigen Worten hat er die Pilgerfahrt nach Mekka kritisiert; er hielt sie wohl für einen heidnischen Atavismus. Dementsprechend hat er auch niemals Mekka besucht. – Einige Verse deuten darauf hin, daß Abū l-ʿAlāʾ überhaupt bezweifelte, daß das Heil in den positiven Religionen liegt:

[6] Neben Aussagen, die seine Zweifel an der leiblichen Auferstehung belegen, gibt es dann aber wieder islamkonformere Feststellungen wie: «Der Astronom und der Mediziner, beide sagen sie: Die Körper werden nicht auferstehen. Ich sage ihnen: Haltet euch zurück! Wenn *euere* Rede richtig ist, so habe ich nichts zu verlieren. Wenn aber *die meine* richtig ist, dann seid ihr die Verlierer!»

Die Hanīfen[7] sind im Irrtum, die Christen sind
nicht auf dem rechten Weg, die Juden sind
verwirrt, und die Zoroastrier irregeleitet!
Die Bewohner der Erde zerfallen in zwei Gruppen:
die einen haben Vernunft, aber keine Religion,
und die anderen haben Religion, aber keine
Vernunft.

Der letzte Vers hat uns zum Rationalismus unseres Autors geführt. Während die Vernunft in der metaphysischen Spekulation zu nichts oder nur zu simplen logischen Möglichkeiten kommt, gibt es im praktischen Handeln Gewißheit: Die Vernunft ist für al-Maʿarrī das höchste Prinzip alles rechten Tuns; sie ist ein Licht, das Gott den Menschen gegeben hat. Sie zeigt uns, daß das Gute um seiner selbst willen getan werden muß, nicht im Hinblick auf unmittelbare oder künftige Belohnung. Durch die Vernunft können wir auch entscheiden, ob eine bestimmte religiöse Tradition oder ein Brauch zu akzeptieren ist. Der Rationalismus Abū l-ʿAlāʾs ist ein kritischer Rationalismus, er geht, wie wir sahen, so weit, daß er selbst die Dogmen der positiven Religionen, ihren Kultus und das geoffenbarte Gesetz kritisch hinterfragt.

Al-Maʿarrī war kein eigentlicher Sozialreformer. Doch finden wir bei ihm viele Ideen, die wir heute als fortschrittlich einstufen und die uns in hohem Maße sympathisch erscheinen: So hat er die Angehörigen der verschiedenen Religionen zu gegenseitiger Rücksichtnahme und Toleranz aufgerufen;[8] er hat die Heuchelei, das Profitstreben und die Ignoranz

[7] Die Angehörigen der Religion Abrahams; der Begriff steht hier für Muslime.

[8] In Syrien lebten zu al-Maʿarrīs Zeit – und leben heute noch – viele Christen und auch Juden. Sie konnten auch hohe Positionen erlangen: Zeitweilig war ein Christ Wesir eines Mirdāsidenherrschers.

islamischer Religionsgelehrter gebrandmarkt und den Aberglauben des Volkes mit harten Worten angegriffen. Die Polygamie und den Sklavenhandel hat er scharf abgelehnt.

Die Werke

Abū l-ʿAlāʾs Werke – in der biographischen Literatur werden ihm insgesamt 100 zugeschrieben, was mit Sicherheit übertrieben ist – zerfallen in poetische Werke und in Prosaschriften; letzteren schließen sich auch die Kommentare zu Gedichtsammlungen und die Briefe, die in höchst kunstvoller Sprache abgefaßt sind, an. Nur ein kleiner Teil von ihnen, aber doch mehr als zehn, sind erhalten. Die poetischen Werke sind durch zwei Gedichtsammlungen vertreten:

Die erste, mit dem Titel *Siqt az-zand* (‹Funken des Feuerbohrgerätes›), enthält die frühen Gedichte bis zu seinem Aufenthalt in Bagdad. Darunter finden sich einige Lobgedichte, Trauergedichte (z.B. die oben genannten Klagen auf den Tod der Eltern), poetische Beschreibungen und andere eher konventionelle Dichtungen. Der Einfluß al-Mutanabbīs, besonders in der hochrhetorisierten Sprache, ist hier unübersehbar.

Die zweite Gedichtsammlung, *Luzūm mā lā jalzam* (etwa: ‹Die Vorschrift, die nicht vorgeschrieben ist›), enthält jene Gedichte, die *nach* der Bagdader Zeit entstanden sind. Ihr Titel bezieht sich auf die komplizierte Reimtechnik, die in sämtlichen Gedichten zur Anwendung kommt: Während im normalen arabischen Gedicht *ein* Buchstabe, nämlich der letzte Konsonant (mit den zugehörigen Vokalen), den Reim bildet und durch das ganze Gedicht verbindlich bleibt (Monoreim), legt der Dichter sich hier für jedes Gedicht *zwei* (aufeinanderfolgende) gleichbleibende Reimbuchstaben als verbindlich auf. Sämtliche Dichtungen dieser Sammlung sind philosophischen Inhalts; der oben gegebene Abriß der Weltanschauung al-Maʿarrīs beruht vor allem auf ihnen.

Von den Prosaschriften sei hier, außer dem in diesem Buch übersetzten und im folgenden ausführlicher zu behandelnden *Sendschreiben über die Vergebung*, nur die dunkelste und schwierigste genannt: ein Werk mit dem Titel *al-Fusūl wal-ghājāt* (‹Abschnitte und Enden›). Der Titel bezieht sich auch hier auf die äußere Form: Das Werk ist in rhythmischer, reimender Prosa abgefaßt. Der Inhalt ist Gottespreis, die Unentrinnbarkeit des Schicksals, die Bedingtheit des Menschen in der Welt, Aufrufe, Gutes zu tun und Askese zu üben, usw., also z. T. die gleichen oder ganz ähnliche Themen, wie wir sie in der zweiten Gedichtsammlung finden. Da das Werk gewisse formale und inhaltliche Eigentümlichkeiten mit dem Koran teilt – so z. B. die Reimprosa und die häufig zur Bekräftigung des Gesagten angeführten Schwüre –, hat man immer wieder vermutet, der Autor habe mit ihm den Koran nachahmen oder übertreffen und damit das islamische Dogma von der Unnachahmlichkeit des Heiligen Buches angreifen wollen.

Das Sendschreiben über die Vergebung

Das *Sendschreiben über die Vergebung* ist das umfangreichste Prosawerk Abū l-ʿAlāʾs. Dem Anlaß und der äußeren Form nach ist es ein Antwortbrief auf einen viel kürzeren Brief eines Aleppiner Literaten und Grammatikers ʿAlī ibn Mansūr, genannt Ibn al-Qārih (geb. 962 in Aleppo, gest. *nach* 1033 in Mosul), eines Mannes, der nicht zu den erstrangigen Autoren seiner Zeit zählt. Sein Brief an al-Maʿarrī ist erhalten.[9]

[9] Zu ihm und seinem Sendschreiben an al-Maʿarrī vgl. R. Blachère, «Ibn al-Qārih».

Ibn al-Qāriḥ stand schon im Alter von 71 Jahren, als er sich in seinem Brief an al-Maʿarrī wandte (um 1033). Er befand sich offenbar in bedürftigen Verhältnissen; vielleicht hat er mit seinem Schreiben unausgesprochen auch eine Bitte um eine finanzielle Unterstützung an al-Maʿarrī richten wollen. Über sein Leben wissen wir, daß er zuerst in Aleppo, dann in Ägypten, in der Gunst des hamdānidischen (später fātimidischen) Staatssekretärs Abū l-Hasan al-Maghribī (gest. 400/1009–10) stand und enge Verbindung zu dessen Sohn, dem späteren Wesir und Schriftsteller Abū l-Qāsim al-Maghribī (gest. 418/1027) hatte. Als die Familie al-Maghribī beim Fātimidenkalifen in Ungnade fiel und Abū l-Hasan sowie die meisten anderen Mitglieder der Familie umkamen, konnte Abū l-Qāsim aus Kairo entkommen. Ibn al-Qāriḥ muß sich ihm gegenüber äußerst schäbig benommen haben. Er veröffentlichte ein Schmähgedicht gegen ihn, wohl in der Hoffnung, nicht in das Mißgeschick der Familie seines früheren Gönners verwickelt zu werden. Al-Maʿarrī, der al-Maghribī sehr schätzte, kannte diese Geschichte und wußte sehr wohl, was er von dem Briefschreiber zu halten hatte. Und Ibn al-Qāriḥ wußte, daß al-Maʿarrī dies wußte: «Ich fürchte», so sagt er in seinem Brief, «daß du meinen Charakter schlecht einschätzest und daß du dir vorstellst, ich sei einer, der Undankbarkeit anstatt Dankbarkeit walten läßt.» Der ganze Bericht über seinen früheren Gönner, der natürlich nur der Selbstrechtfertigung Ibn al-Qāriḥs dient, wirkt wenig sympathisch. Dieser negative Eindruck wird sich bei al-Maʿarrī noch dadurch verstärkt haben, daß der ‹Scheich› im Abschnitt danach bekennt, lange Zeit ein Leben des Genusses geführt zu haben: «Dann ging ich nach Ägypten und ließ meiner Seele freien Lauf bei der Ausübung tierischer Neigungen und dem Streben nach sündhaften Ehren; ich wollte ... meine Seele die Süßigkeit des Lebens kosten lassen.» Im

Abschnitt davor hatte er bereits dargelegt, daß er später seinem ganzen sündhaften Leben entsagt habe und in diesem Zusammenhang auch die Notwendigkeit der rechtzeitigen Reue herausgekehrt. – Ein anderer großer Teil seines Schreibens besteht aus einer ebenfalls unerfreulichen Abhandlung über eine Reihe angeblicher oder wirklicher Häretiker, über die er sich voller Zorn zeigt. Der erste, auf den er in dieser seiner Abhandlung über die Ketzer zu sprechen kommt, ist al-Mutanabbī, also ausgerechnet jener Dichter, den al-Maʿarrī wie keinen anderen hochgeschätzt und verehrt hat.

Al-Maʿarrī nimmt in seinem Antwortbrief Stellung zu einer Reihe ihm wichtig erscheinender Punkte, die Ibn al-Qārih in seinem Brief angesprochen hat. Er nimmt alles, was dieser sagt, scheinbar ernst und geht ausführlich darauf ein – freilich zumeist, um es alsbald zu widerlegen.

Der erste Punkt, dem er sich zuwendet, ist die Qualität des Schreibens seines Briefpartners, insbesondere des Gottespreises, mit welchem der Brief beginnt. Dieses Thema gestaltet sich alsbald zu einer überschwenglichen Laudatio auf das ‹gute Wort›, das Ibn al-Qārih in seinem Gottespreis gefunden habe. Der ganze erste Teil des Werkes bleibt bei diesem Thema, das sich freilich ganz gewaltig auswächst: Aus ihm entwickelt sich nämlich die gesamte Jenseitsvision (240 Seiten in der gedruckten Ausgabe). Al-Maʿarrī schließt diesen ersten Teil denn auch mit den Worten ab: «Ich bin sehr weitschweifig in diesem Abschnitt gewesen. Wir kehren nun zur Beantwortung des Sendschreibens zurück.»

Das zweite Thema, das al-Maʿarrī aufgreift, ist der von Ibn al-Qārih, ebenfalls noch ganz zu Beginn seines Briefes, verwendete floskelhafte Ausdruck ‹Gott möge mich zu seinem (al-Maʿarrīs) Lösegeld machen!›. Unser Autor knüpft daran eine lange Betrachtung – mit Anekdoten – über die *Heuchelei*. Von der auf der Welt weit verbreiteten Heuchelei nimmt er ‹natürlich› von vornherein seinen Briefpartner, Ibn al-Qāriḥ, aus!

Wenn al-Maʿarrī diesen Mann, den er offenbar für einen schlechten Kerl hält, in seinem Antwortschreiben mit einer überschwenglichen Laudatio bedenkt, wenn er Punkte, die Ibn al-Qāriḥ vorgebracht hat, zunächst scheinbar ernst nimmt, um sie alsbald zu widerlegen, wenn er ihm, wie zu Beginn des zweiten Teiles, in so subtiler Weise Heuchelei vorhält, dann können wir sicher sein, *wie* unser Autor dies alles gemeint hat: Hinter seinen Belobigungen und – wie es auf den ersten Blick scheint – positiven Stellungnahmen verbergen sich Sarkasmus und tiefe Ironie.

Wir behandeln im folgenden nur die Jenseitsreise. Sie, die, wie gesagt, den ersten Teil des Werkes bildet, ist ein in sich abgeschlossenes Ganzes. Da sie außerdem der bemerkenswerteste Teil des Werkes ist und auch für Nicht-Fachleute interessant sein dürfte, kann sie in einer Übersetzung auch selbständig und losgelöst vom folgenden zweiten Teil des Sendschreibens geboten werden.

Was zunächst das Sprachlich-Stilistische anbelangt, so ist das Werk überwiegend in Prosa abgefaßt, die aber häufig, besonders in nicht-erzählenden Passagen (bei poetischen Themen, Beschreibungen, philosophischen Reflexionen) in Reimprosa übergeht (in der Übersetzung wurde diese, wie auch die Poesie, nicht nachgebildet). Viele Gedichte sind in den Text eingestreut, so daß das Werk zur Gattung des Prosimetrums zu rechnen ist. Allerdings stammen diese Gedichte – mit zwei bemerkenswerten Ausnahmen – nicht von al-Maʿarrī, sondern sind Zitate von früheren, meist vor- und frühislamischen Dichtern. (Bei den Ausnahmen handelt es sich um jene Gedichte, die der Autor dem Geist Abū Hadrasch in den Mund legt.)

Wir kommen nun zur Besprechung des Inhaltes. Nach einem Prolog in hochrhetorisierter Sprache, der schwer zu deuten ist (er wurde in der Übersetzung weggelassen), beginnt der Autor seinen Antwortbrief mit einer Bestätigung des Schreibens seines Briefpartners. Er lobt es im höchsten Maße, insbesondere dessen Beginn, der wie bei jedem anderen islamischen Buch aus einem Lobpreis Gottes besteht. Durch einen rhetorischen Kunstgriff schafft es unser Autor dann, auf das Paradies zu sprechen zu kommen: Er bezeichnet den Gottespreis als ‹gutes Wort› und führt sodann zwei Koranverse an, in denen es vom ‹guten Wort› heißt, es steige zu Gott auf und gleiche einem guten Baume. Daraus schließt er, daß für seinen Briefpartner, ‹so Gott will› – wegen seines Gottespreises und seiner vielen anderen guten Worte –, im Paradies Bäume mit köstlichen Früchten gepflanzt seien. Damit setzt die Paradiesschilderung ein. Allerdings bemerkt Abū l-ʿAlāʾ sogleich – er läßt dies alsbald bestimmte Paradiesesbewohner sagen –, daß der Scheich Ibn al-Qāriḥ dieses Geschenk erst nach dem Jüngsten Gericht und *nur unter gewissen Bedingungen* erhalten werde. Nichtsdestoweniger geht die Beschreibung des Paradieses weiter, und nach einigen Seiten heißt es: «Plötzlich ist mir, als sähe ich unseren Scheich (...) vor mir, *sobald er sich durch seine wahre Reue jene hohe Rangstufe im Paradies verdient hat*» (S. 52). Damit scheint Ibn al-Qāriḥ im Paradies zu sein. *Er ist aber vorerst nur in der Vorstellung al-Maʿarrīs im Paradies.* Wirklichkeit kann diese Vorstellung erst werden nach dem Jüngsten Gericht, falls Ibn al-Qāriḥ wahre Reue gezeigt hat, und, vor allem, nur ‹so Gott will›.

Wir haben es also mit einer Vision – oder besser: einer Visions‹dichtung›, denn alles ist ja Fiktion – zu tun, einer Visionsdichtung über das zukünftige Schicksal seines Briefpartners, des Scheichs Ibn al-Qāriḥ. Dieser lebt noch, während al-Maʿarrī die fiktive Vision niederschreibt. Der

Scheich wird das, was ihn am Jüngsten Tag und danach – unter bestimmten Bedingungen – erwartet, zu lesen bekommen, sobald al-Maʿarrīs Antwortbrief bei ihm eingetroffen ist.

Unter welchen Umständen und auf welche Weise Ibn al-Qāriḥ genau der Eintritt ins Paradies geglückt ist, läßt al-Maʿarrī ihn, als er bereits im Paradies weilt, bei einer bestimmten Gelegenheit selbst erzählen.

Das Paradies, in welchem sich der Scheich in Abū l-ʿAlāʾs Vision befindet und das eingehend beschrieben wird, mag europäischen Lesern als ‹Buffo-Paradies› (V. Monteil) oder als eine Art Schlaraffenland vorkommen; der russische Orientalist I. Kratschkovsky nahm sogar an, al-Maʿarrī habe in seinen Schilderungen das islamische Paradies, mit seinen Strömen von Wein und unsterblichen Jungfrauen, parodieren wollen, und diese Absicht sei der eigentliche Zweck des *Sendschreibens* gewesen. Aber muslimische Forscher sind da anderer Ansicht; die gelehrte Herausgeberin des Werkes, Bint asch-Schāṭiʾ, die die bislang beste Monographie über das *Sendschreiben* vorgelegt hat, hält diese europäische Auffassung für naiv; Angriffe auf die islamische Religion gebe es in den Schilderungen nicht.[10] – Diese entgegengesetzten Auffassungen mögen z. T. auf der unterschiedlichen Beurteilung eines Verfahrens beruhen, das unser Autor immer wieder bei der Erfindung von Personen und Phänomenen des Paradieses anwendet: Wörtlich-Nehmen von Begriffen, die im Koran wohl eher als Bilder und Gleichnisse gemeint sind. So werden die nach Sure 56,35–38 im Paradies entstandenen Jungfrauen bei al-Maʿarrī zu einer bestimmten Kategorie von Paradiesesjungfrauen, die in Früchten auf dem ‹Huribaum› wachsen, und die von einer anderen Kategorie zu unterscheiden ist, die

[10] Siehe ihren englischsprachigen Artikel «Abū l-ʿAlāʾ al-Maʿarrī».

aus ehemals irdischen, seligen Frauen besteht. Wie dem auch sei, jedenfalls ist al-Maʿarrīs Paradiesbeschreibung nicht nur rhetorisch höchst kunstvoll und bildhaft – Vorzüge, die orientalische Kritiker und Leser besonders schätzen –, sondern auch voller Witz und Phantasie, so daß auch der europäische Leser auf seine Kosten kommt.

Demgegenüber fällt die Schilderung der Hölle, die der Scheich nicht betritt, in die er vielmehr nur hineinschaut, zweifellos ab – in Dantes *Divina Commedia* soll es ja umgekehrt sein. Trotzdem finden sich auch in der Beschreibung der Hölle vorzügliche Szenen, so die Gespräche des Scheichs Ibn al-Qāriḥ mit Satan und mit dem Dichter al-Achṭal. – Zum Nachdenken geben immer wieder Bemerkungen Anlaß, die der Autor bestimmten Paradieses-, besonders aber Höllenbewohnern in den Mund legt; wie z. B.

> Was hast du schon von der Allmacht Gottes gesehen! Du befindest dich an der Küste eines Meeres, dessen anderes Ufer man nicht erreichen kann!

> Aber die Vergebung ist Glückssache, wie der Besitz im Diesseits.

Welchen Kategorien von Ständen und Berufen gehören die Paradieses- und Höllenbewohner an? Wirft man noch einmal einen vergleichenden Blick auf die *Göttliche Komödie*, so fällt auf, daß im *Sendschreiben* ganz überwiegend Dichter(innen), Musiker(innen), Literaten, Sprachgelehrte, kurz Leute, die im weitesten Sinne etwas mit Literatur zu tun haben, eine Rolle spielen; dagegen fehlen z. B. in auffälliger Weise Politiker, Rechtsgelehrte, Asketen, Mystiker, Theologen. Warum das so ist, geht eindeutig aus zwei Stellen hervor, wo der Scheich Ibn al-Qāriḥ bemerkt: «Ich habe, bevor ich aus jener Welt hierher kam, stets das freie Gebet (...)

ausschließlich der Bitte gewidmet, Gott möge mich meine literarische Bildung nicht nur im Diesseits, sondern nach meinem Tode auch im Jenseits genießen lassen. Er hat meine Bitte erfüllt», und «Ich habe meinen Herrn (...) gebeten, daß er mich im Paradies nicht des Genusses meiner literarischen Bildung beraube, die ich im Diesseits zu genießen pflegte» (S. 73 und 106f.). Ibn al-Qārihs in Erfüllung gegangenes Gebet hat sich so ausgewirkt, daß er Paradies und Hölle nur einseitig in dieser Perspektive wahrnimmt.

In Paradies und Hölle befinden sich selbstverständlich auch andere Menschen, z.B. Herrscher sowie ihre Frauen und Kinder; ‹gekrönte Häupter›, wie es heißt. Dies wird an einer Stelle nicht nur ausdrücklich gesagt, sondern sogar des näheren ausgeführt (s. S. 111f.). Nur interessiert sich Ibn al-Qārih für diese Leute eben nicht, und so treten sie nicht näher in sein Blickfeld. Es gibt Ausnahmen, aber oft sind diese nur scheinbar; denn wenn der Scheich sich doch einmal mit anderen Paradiesesbewohnern als Literaten und Musikern befaßt, so haben diese fast immer irgend etwas mit Literatur zu tun, und es sind stets literarische oder sprachwissenschaftliche Fragen, die Ibn al-Qārih ihnen stellt. Als er Adam begegnet, fragt er ihn nur nach den Gedichten, die die Leute ihm zuschreiben. Eine der Jungfrauen, denen Ibn al-Qārih auf seinem Spaziergang im Paradies begegnet, war im Diesseits Dienerin im Haus der Wissenschaft in Bagdad; sie holte dort Bücher für die Kopisten heraus. – Als der Scheich im (weniger schönen) ‹Paradies der Geister› den gräßlichen, aber noch rechtzeitig gläubig gewordenen Abū Hadrasch trifft, fragt er ihn als erstes nach den Gedichten der Geister, und auch nach ihrer Sprachkenntnis erkundigt er sich. Die Tiere, die ins Paradies gekommen sind, sind zumeist aus der Literatur bekannt; auch einigen von ihnen stellt Ibn al-Qārih schöngeistige oder sprachwissenschaftliche Fragen.

Indessen soll keineswegs bestritten werden, daß al-Maʿarrī seine Ideen oft auch ohne perspektivische Brechung in die Gestaltung des Jenseits einfließen läßt. So ist der Gedanke der ausgleichenden Gerechtigkeit, der auf den Zustand der Auferstandenen, Menschen, Geister und Tiere, einen so entscheidenden Einfluß hat, allein aus dem Gerechtigkeitsgefühl al-Maʿarrīs zu erklären: Die seligen *Geister* z. B. leben in einem weniger schönen Paradies als die seligen *Menschen*, weil sie es im Diesseits leichter hatten (sie konnten sich dort verwandeln, unsichtbar machen, fliegen usw.); eine schwarze Dienerin wird im Jenseits zu einer weißen, strahlend schönen Paradiesesjungfrau; der Dichter al-Aʿschā darf im Paradies keinen Wein trinken, weil er dies im irdischen Leben schon bis zum Exzeß getan hat usw. Besonders sympathisch ist der Gedanke, daß auch Tiere für ihre im irdischen Leben erduldeten Leiden entschädigt oder für Verdienste, die sie gewissen Menschen geleistet haben, belohnt werden.

In al-Maʿarrīs Paradies befinden sich außer Muslimen auch Angehörige anderer Religionen, insbesondere Christen, aber auch altarabische Heiden – dies zum großen Erstaunen Ibn al-Qāriḥs. Voraussetzung für die Aufnahme von Nicht-Muslimen ins Paradies ist allerdings, daß sie 1. *vor* dem Auftreten des Islams gelebt und 2. Gutes gesagt oder getan haben müssen. Selbstverständlich können vorislamische Anhänger der früheren Offenbarungsreligionen, z. B. Christen, die Seligkeit erlangen, aber auch Krypto-Monotheisten unter den altarabischen Heiden oder Dichter, die schöne gnomische Verse verfaßt und ein vorbildliches Leben geführt haben. Unser Autor ist also weitherziger als der Christ Dante, der die vor Christus geborenen hervorragenden Heiden, wie Aristoteles und Vergil, ja in der Vorhölle sein läßt. – In al-Maʿarrīs Hölle befinden sich – außer Satan –: Götzendiener und Bösewichte, die vor dem Islam gelebt haben (z.B. zwei Räuberdichter), ein Angehöriger einer anderen Religion (der christliche Dichter al-Achtal), der in islamischer Zeit lebte und den Islam kannte, ihn aber nicht annahm, und der zudem noch ein unmoralisches Leben führte, und schließlich ein muslimischer Ketzer (der Dichter Baschschār ibn Burd).

Aber Vorsicht! Aufgrund der – weitgehend – perspektivischen, aus dem Blickwinkel Ibn al-Qārihs heraus gesehenen Darstellungsweise im ersten Teil des *Sendschreibens* ist es gefährlich, vorschnell aus solchen Beobachtungen Rückschlüsse auf al-Maʿarrīs Weltanschauung zu ziehen. Dies zeigt sich besonders deutlich bei einem Vergleich des angenommenen Schicksals des Dichters Baschschār ibn Burd im vorliegenden ersten und im zweiten Teil des *Sendschreibens*. Im ersten Teil befindet sich Baschschār in der Hölle – Ibn al-Qārih hält ihn ja für einen Häretiker –, und der arme Dichter muß dort schlimmste Qualen erleiden. Im zweiten Teil dagegen, wo al-Maʿarrī im Rahmen der Behandlung der Häretiker in seinem eigenen Namen spricht, stellt er ausdrücklich fest: «*Ich* gebe kein Urteile über Baschschār in dem Sinne ab, daß er zu den Bewohnern der Hölle gehört.» Sein eigenes Urteil über Baschschār, und vielleicht auch über andere Höllenbewohner, die er in seiner Visionsdichtung aus der Perspektive Ibn al-Qārihs heraus gezeigt hatte, geht deutlich genug aus seiner abschließenden Feststellung über Baschschār hervor: *Allāhu halīm wa-wahhāb*, «Gott ist gnädig und großmütig».

Kommen wir nun zum Protagonisten der Visionsdichtung, Ibn al-Qārih. Ein wichtiger Punkt ist schon gesagt: Die Seligkeit, die er sich gewünscht hat, besteht in besonderem Maße darin, daß Gott ihn die Wonnen der literarischen Bildung auch im Jenseits genießen läßt. Das bedeutet, daß er im Paradies nicht nur Gelage – mit dem Gesang berühmter Sängerinnen – und Gastmähler abhält, sondern daß er dort die Seligen dauernd auch in Gespräche über Literatur verwickelt und ihnen grammatische, lexikalische und Verständnisfragen zu ihren Gedichten stellt. Mit solchen Fragen plagt er selbst die Verdammten in der Hölle – diese haben nun wirklich andere Sorgen. Oft muß er allerdings zu seiner Enttäuschung feststellen, daß im Gedächtnis der Auferstandenen – nach dem Gang über die Höllenbrücke – nicht mehr viel von diesen Dingen haftengeblieben ist.

Erst im nachhinein hören wir, daß der Scheich nur mit Mühe und Not ins Paradies gelangt ist. Dies legt er in dem Bericht über seine eigene Auferstehung, die das Mittelstück der Visionsdichtung ausmacht und ihren eigentlichen Höhepunkt bildet, ausführlich und in Einzelheiten dar. Die Geschichte ist phantasievoll, spannend und witzig, ja humorvoll erzählt. Das wichtigste Motiv, das sich durch die ganze Erzählung zieht, ist dies, daß Ibn al-Qāriḥ immer wieder größte Mühe hat, nachzuweisen, *daß seine Reue wahrhaftig war*. Im Verlauf der Geschichte stellt sich auch heraus, daß der Scheich erst *im letzten Augenblick seines Lebens* wahre Reue gezeigt hat – die ganze Tragweite dieser Tatsache geht daraus hervor, daß viele muslimische Religionsgelehrte der Ansicht sind, daß die Reue erst kurz vor dem Tode nicht vor dem Höllenfeuer rette. Außerdem ergibt sich aus der Feststellung der späten Reue Ibn al-Qāriḥs, daß al-Maʿarrī seinem Briefpartner, der ja noch lebt, die behauptete Reue nicht abgenommen hat. – Erst als die wahre Reue Ibn al-Qāriḥs – mit Mühe und Not – erwiesen ist, wird er auf Fürsprache des Propheten ins Paradies eingelassen. *Das Motiv der Reue Ibn al-Qāriḥs ist der Schlüssel für das Verständnis des ganzen Werkes.*

Übrigens ist der Scheich nicht der einzige Paradiesesbewohner, von dem gesagt wird, daß es die wahre oder aufrichtige Reue war, die ihm die Vergebung eingebracht hat. Das Reuemotiv wird auch bei vielen anderen Seligen ins

Spiel gebracht, besonders auffällig bei dem gräßlichen Geist Abū Hadrasch, der vor seiner Bekehrung die schlimmsten Untaten vollbracht hat.

So besteht die Botschaft, die al-Maʿarrī seinem Korrespondenten übermittelt, darin, daß er ihm zu verstehen gibt: Du warst zwar, wie du selbst zugibst, ein schlechter Kerl, du hast ein sündiges Leben geführt, du hast dich verbotenen Genüssen hingegeben, und du hast dich einem Wohltäter gegenüber schäbig benommen. Du sprichst von deiner Reue; aber hast du auch *wirklich* bereut? Dann, wenn deine Reue aufrichtig ist – und nur dann! –, kannst du, so Gott will, Vergebung erlangen.

Al-Maʿarrī hat seinem Briefpartner diese Botschaft aber nicht in dieser Art explizit übermittelt; vielmehr hat er sie ihm ‹eingepackt› auf eine andere, indirekte, wahrhaft einzigartige Weise zu verstehen gegeben, nämlich in einer Jenseitsvision, in der die geschilderte Seligkeit seines Adressaten *auf bestimmten Voraussetzungen* beruht. – Man kann sich vorstellen, wie Ibn al-Qāriḥ zumute gewesen sein muß, als er den Antwortbrief las.

Wir müssen hier die Interpretation des *Sendschreibens* abbrechen, obwohl noch vieles andere zu sagen wäre. So hätte man in einer ausführlicheren Deutung natürlich auch die wichtigsten anderen Paradieses- und Höllenbewohner zu behandeln. Es fällt zum Beispiel auf, daß gar nicht selten etwas von den irdischen Charaktereigenschaften der Seligen und Verdammten im Jenseits übriggeblieben ist. Der Räuberdichter asch-Schanfarā z.B. hat in der Hölle seine stoische Haltung, die er in seinem Leben gezeigt und in einem Vers ausgedrückt hat, weitgehend bewahrt. – Auch die Topographie des Paradieses verdiente eine genauere Betrachtung. Neben dem zentralen Bereich gibt es dort auch von der Mitte entferntere Bereiche, in denen es weniger schön ist, nämlich das Paradies der Geister und jenes der Jambendichter; und gar Orte, die der Hölle so nahe sind, daß man in sie hineinblicken kann. An diesen Orten befinden sich die Seligen ‹zweiter Klasse›. Die Hölle ist offenbar ein tiefer Schlund oder ein Loch, aus dem die Bewohner nicht entweichen können, in das aber auch kein Seliger Zutritt hat. So kann Ibn al-Qāriḥ nur in sie hineinschauen und dabei die Verdammten befragen.

Al-Maʿarrī, Dante und Lukian von Samosata

Ein letzter Punkt, den wir behandeln wollen, ist die Frage, ob die Jenseitsreisen Abū l-ʿAlāʾs und Dante Alighieris (1265–1321) möglicherweise von einer gemeinsamen Quelle angeregt sind. Die thematische Verwandtschaft des *Sendschreibens über die Vergebung* und der *Divina Commedia* liegt auf der Hand und ist nach der Wiederentdeckung des *Sendschreibens* am Ende des 19. Jahrhunderts durch den britischen Orientalisten Reynold A. Nicholson[11] natürlich in der Forschung diskutiert worden. Indessen hat schon Nicholson davor gewarnt, die Analogien der beiden Werke zu überschätzen. Gleichzeitig hat er zu bedenken gegeben, ob das *Sendschreiben* Abū l-ʿAlāʾs nicht eher mit den *Wahren Geschichten* Lukians von Samosata (ca. 120–180 n. Chr.) vergleichbar sei. In diesem Werk beschreibt der spätantike Autor einen Besuch auf den Inseln der Seligen, wobei er u. a. auch ein Gespräch mit Homer über die ‹homerische Frage› und die Echtheit gewisser Verse in den Epen führt. – Auch weltanschaulich hat der griechisch schreibende Lukian, der übrigens als gebürtiger Syrer ein Landsmann Abū l-ʿAlāʾs war, vieles mit unserem Autor gemein: Auch er war Rationalist, Skeptiker und Pessimist.

[11] R. A. Nicholson, «*The Risālatu ʾl-Ghufrān*», 1902, S. 76.

Auszuschließen ist jedenfalls, daß al-Maʿarrīs *Sendschreiben* Dantes *Göttlicher Komödie* direkt oder indirekt als Quelle gedient hat – obwohl es fast 300 Jahre früher verfaßt wurde –, denn das arabische Werk war im lateinischen Mittelalter unbekannt; es ist übrigens, wie die geringe Zahl der vorhandenen Handschriften zeigt, auch im Orient nicht sehr verbreitet gewesen. Dagegen ist es sehr wohl möglich, daß ein anderes arabisches Buch beide Dichter zu ihrer Jenseitsvision angeregt hat: das *Kitāb al-Miʿrādsch* (‹Buch von der Himmelsreise›). Dieses anonyme Werk handelt von einer nächtlichen Vision Muhammads, die im islamischen Volksglauben eine bedeutende Rolle spielt: Der Erzengel Gabriel führt den Propheten Muhammad durch die sieben Himmel (wozu auch das Paradies gehört), in denen er jeweils einen oder mehrere der früheren Propheten antrifft; und auch die Hölle zeigt er ihm. – Es steht außer Zweifel, daß al-Maʿarrī diese in der islamischen Welt allseits bekannte Legende wohlvertraut war. Was Dante anbelangt, so hatte bereits der spanische Arabist Miguel Asín Palacios in seinem Buch *La Escatología musulmana en la Divina Comedia*[12] entscheidende Einflüsse islamischer Jenseitsvorstellungen auf die *Göttliche Komödie* behauptet und dabei dem *Buch von der Himmelsreise* zentrale Bedeutung zugesprochen. Jedoch blieben Asíns Erkenntnisse so lange hypothetisch, wie von der Existenz europäischer Übersetzungen des *Kitāb al-Miʿrādsch* nichts bekannt war. Erst seit den Forschungen des italienischen Mediävisten Enrico Cerulli,[13] der in europäischen Bibliotheken Handschriften einer lateinischen und einer

[12] Asín kannte durch Nicholsons Teilübersetzung auch schon al-Maʿarrīs *Sendschreiben*.

[13] Sie sind niedergelegt in seinem Buch *Il ‹Libro della Scala› e la questione delle fonti arabo-spagnole della Divina Commedia*.

französischen Version des *Kitāb al-Miʿrādsch* entdeckte, kann man mit größter Wahrscheinlichkeit annehmen, daß Dante Kenntnis von diesem arabischen Werk hatte. Cerulli führte aus,[14] daß die Schrift zuerst von dem jüdischen Arzt Abraham al-Faquim (aus dem Gelehrtenkreis um Alfons X. den Weisen [reg. 1252–1282]) ins Altspanische und dann, 1264, von Bonaventura de Siena aus dieser spanischen Version ins Lateinische und Französische übersetzt wurde. Dabei erhielt sie den (dem arabischen Original nicht genau entsprechenden) Titel *Liber Scalae Machometi* bzw. *Livre de l'Eschiele Mahomet* (‹Buch von Muhammads Leiter›). Das Werk fand in Europa weite Verbreitung, ja, es galt offenbar weithin als das heilige Buch des Islams. Der gebildete und belesene Dante, der sowohl das Lateinische wie das Französische beherrschte, konnte durch die Übersetzungen seines Landsmannes Bonaventura de Siena alles Nötige über die islamische Jenseitsreise erfahren.[15]

Zu den Abbildungen

Keine der vorhandenen Handschriften des *Sendschreibens über die Vergebung* ist mit Abbildungen ausgestattet. Um den Lesern dennoch einen Eindruck davon zu geben, wie sich Muslime das Jenseits vorgestellt haben, sind dieser Übersetzung drei Miniaturen aus einer Handschrift des im vorigen Abschnitt erwähnten *Buches von der Himmelsreise Muham-*

[14] Zum folgenden ist der Forschungsbericht von D. Kremers, «Islamische Einflüsse auf Dantes ‹Göttliche Komödie›», zu vergleichen.

[15] Eine andere, u. zw. eine hebräische, letztlich auf ein arabisches Werk des Philosophen Avicenna (980–1037) zurückgehende Quelle der *Divina Commedia* nimmt G. Strohmaier in seinem Aufsatz «Chaj ben Mekitz» an. Meines Erachtens ergänzen Strohmaiers Erkenntnisse die besprochenen Forschungsergebnisse Asíns und Cerullis in einer glücklichen Weise, widerlegen sie aber nicht.

mads beigegeben worden. Die thematische Verwandtschaft der beiden Werke dürfte dieses Vorgehen rechtfertigen.

Die besagte Handschrift,[16] die sich heute unter der Signatur Manuscrit Suppl. Turc. 190 in der Pariser Bibliothèque Nationale befindet, ist ein Meisterwerk islamischer Buchkunst. Sie enthält als ersten Teil eine osttürkische Version des *Buches von der Himmelsreise* (*Miʿrādschnāme*), die von einem unbekannten Verfasser wahrscheinlich nach einer persischen Vorlage angefertigt wurde. Die Handschrift wurde im Jahre 1436 in den berühmten timuridischen Werkstätten von Herat (heute Westafghanistan) von dem Künstler Muhammad Mālik Bachschī kalligraphiert. Die Miniaturen stammen wahrscheinlich von mehreren Malern.

Zu den Bildern und den sie begleitenden Texten sei hier nur kurz folgendes gesagt: Die Miniaturen sind in der Regel in den Text eingefügt; dieser ist in osttürkischer Sprache abgefaßt und in uigurischer Schrift[17] geschrieben. Am oberen Rand jeder Seite finden sich erklärende Bemerkungen in arabischer Sprache und Schrift (in Gold); darunter meist solche in osmanisch-türkischer Sprache und arabischer Schrift. Alle Bilder zeigen den Propheten Muhammad auf seinem menschengesichtigen Reittier Burāq, begleitet vom Erzengel Gabriel, der ihn durch Paradies und Hölle führt. Die Miniaturen, die hier leider nur schwarzweiß wiedergegeben werden können, sind in prächtigen Farben gemalt; in sämtlichen Szenen kommt Gold zur Anwendung (in der Hölle für das Feuer).

[16] Zum folgenden vgl. W. M. Thackston: *The Paris Miʿrājnāme* und M. Scherberger: *Das Miʿrağnāme.* – Die Miniaturen und der größte Teil des Textes sind wiedergegeben in der Faksimile-Ausgabe von M.-R. Séguy: *Muhammeds wunderbare Reise durch Himmel und Hölle.*

[17] Die uigurische Schrift ist eine vom syrischen Alphabet abgeleitete, in Zentralasien verbreitete Schrift. Sie wurde lange Zeit für die Niederschrift von Werken in osttürkischer Sprache verwendet.

Es sei noch darauf hingewiesen, daß die Jenseitsvorstellungen der Maler, insbesondere ihre Auffassungen von der Hölle, nicht in allen Punkten mit jenen al-Maʿarrīs übereinstimmen. So werden die Verdammten nicht, wie bei unserem Dichter, von Strafengeln, sondern von Teufeln gepeinigt, wie das ja volkstümlichen Vorstellungen, auch solchen im Bereich der christlichen Religion, entspricht.

Zur Übersetzung

Es verbleibt mir noch, einige Worte zur vorliegenden Übersetzung zu sagen. Es ist die erste und einzige deutsche Übersetzung, die die gesamte Jenseitsvision, die ja mit dem ersten Teil des *Sendschreibens* fast deckungsgleich ist, beinhaltet; meines Wissens sind bisher überhaupt nur zwei Kapitel aus dem Werk ins Deutsche übertragen worden.[18] Allerdings habe ich den Text gekürzt. Die Kürzung ist aber systematisch erfolgt: Grundsätzlich habe ich gewisse Längen und die oft sehr ausführlichen Diskussionen über Fragen der arabischen Grammatik und Philologie gestrichen (oder stark gekürzt). Diese Diskussionen, die der Scheich Ibn al-Qāriḥ mit zahlreichen Seligen und Verdammten führt, sind für den nicht arabistisch vorgebildeten Leser ungenießbar und ohne ausführlichen Kommentar unverständlich. Immerhin sei hier darauf hingewiesen, daß diese gelehrten Erörterungen einen nicht unwichtigen und für den Fachmann durchaus interessanten Teil des Werkes bilden. – Auch von den zahlreichen Gedichten und Versen habe ich nicht alle wiedergegeben; meine Version bietet aber mehr Gedichte als alle früheren Übersetzungen.

[18] M. Fleischhammer hat in seiner Anthologie *Altarabische Prosa* den Bericht Ibn al-Qāriḥs über seine Auferstehung (S. 310–318), H. Grotzfeld in seinem Aufsatz «*wa-allama* . . ., ‹und er lehrte Adam seinen Namen›» die Begegnung Ibn al-Qāriḥs mit Adam übersetzt.

Bei der Übertragung – nach dem Text der kritischen Edition der ägyptischen Literaturwissenschaftlerin ʿĀʾischa ʿAbdarrahmān genannt Bint asch-Schātiʾ – habe ich mich möglichst nah an das arabische Original gehalten, gleichzeitig aber versucht, ein lesbares und möglichst elegantes Deutsch herzustellen. Gelegentlich habe ich einen Namen oder Begriff ‹explizierend› übertragen (z. B. «der frühverstorbene Sohn des Propheten, Ibrāhīm» statt einfach «Ibrāhīm»). Die vielen Stellen in Reimprosa habe ich nicht in deutsche Reimprosa umgesetzt, so wie dies – wahrhaft meisterhaft – Friedrich Rückert in seiner Übertragung von al-Harīrīs *Die Verwandlungen des Abu Zeid von Serug*[19] getan hat. Ich habe versucht, diese Passagen in einer gehobenen Sprache wiederzugeben. Am größten war die Herausforderung natürlich bei den Gedichten. Denn diese stellen den Übersetzer oft nicht nur vor große, manchmal unüberwindliche Schwierigkeiten, sondern sie erfordern auch eine adäquate Übertragung. Hier habe ich das Gefühl, meiner Aufgabe nicht voll gerecht geworden zu sein. Da mir eine poetische Ader abgeht, habe ich die Gedichte – wie die Reimprosa – in einer gehobenen Prosa wiedergegeben. In Fällen, wo eine poetische Übersetzung eines Gedichtes oder Verses von Friedrich Rückert vorliegt, habe ich diese in den Fußnoten zum Vergleich mitgeteilt. Die zahlreichen Übersetzungen von Versen aus Suren des Korans habe ich, wenn immer möglich, in Rückerts Rhythmen und Reime des Originals nachbildender Übersetzung wiedergegeben;[20] ich hielt dies auch deshalb für angemessen, weil

[19] Das Werk wurde zuletzt herausgegeben und mit Anmerkungen versehen von Wiebke Walther. Leipzig 1989.

[20] Rückerts Koranübertragung ist nicht vollständig. – Die Orthographie und Interpunktion in Rückertschen Übersetzungen habe ich modernisiert; gelegentlich habe ich veraltete Wörter durch sinngleiche, rhythmisch äquivalente, heute gebräuchliche Wörter ersetzt.

der deutsche Leser durch Luthers Bibelübersetzung ja gewohnt ist, sakrale Texte in einer älteren Sprachstufe zu rezipieren.

Der Schwierigkeitsgrad der Prosatexte des *Sendschreibens* ist als insgesamt mittelschwer bis schwer, häufig auch als sehr schwer einzustufen. Die größte Hilfe bei der Übersetzung waren mir Bint asch-Schātiʾs Kommentare in den Fußnoten zu ihrer kritischen Edition. Von den vorliegenden, allesamt gekürzten Übersetzungen – zwei französischen und einer englischen – hat mir nur die letztere, von G. Brackenbury, gelegentlich geholfen, da nur sie sich einigermaßen nah an den Text hält und Schwierigkeiten des Originals nicht einfach durch elegante Formulierungen umgeht. Brackenbury, dem noch nicht die kritische Edition vorlag, bin ich auch bei der Einteilung des Textes und den Kapitelüberschriften weitgehend gefolgt; der Originaltext enthält keine solche Gliederung. In den erklärenden Anmerkungen habe ich mich oft wiederum auf Bint asch-Schātiʾs Kommentare gestützt, für die Dichter- und Gelehrtenbiographien wurde das Standardwerk, Fuat Sezgins *Geschichte des arabischen Schrifttums*, benutzt.

Wenn es mir gelingt, dem literarisch interessierten Publikum einen einzigartigen arabischen Dichter, Schriftsteller und – Menschen nahezubringen und das Interesse der Leser auf sein Meisterwerk, das gleichzeitig ein Hauptwerk der klassischen arabischen Literatur ist, zu lenken, sehe ich die Aufgabe, die ich mir mit meiner Arbeit an diesem Buch gestellt habe, als erfüllt an.

DIE JENSEITSREISE
AUS DEM
«SENDSCHREIBEN ÜBER DIE VERGEBUNG»

Abū l-ʿAlāʾ bestätigt den Brief des Scheichs Ibn al-Qāriḥ

(139) O ʿAlī ibn Manṣūr![1] Dein Schreiben – ein Meer, das mit Weisheiten gefüllt ist – hat mich erreicht. Wer es liest, der ist reich belohnt, weil es befiehlt, das göttliche Gesetz anzunehmen, und jene tadelt, die die Wurzel zugunsten des Zweiges außer acht lassen. (140) Ich bin ertrunken in den Wogen seiner neuartigen Gedanken, deren es übervoll ist, und habe gestaunt über die Harmonie seiner Worte, die prächtigen Halsketten gleichen. Ein Werk wie dieses legt Fürbitte ein und hilft; es bringt näher zu Gott und hebt empor.

Ich habe bemerkt, daß es eingeleitet ist mit einem Lob Gottes, das herrührt von einem Beredten, einem großen Meister. Es liegt in der Macht unseres hocherhabenen Herrn, daß er jeden Buchstaben dieses Schreibens zu einem Lichtkörper macht, der mit keiner lügnerischen Rede gemischt ist; der für jenen, der es verfaßt hat, bis zum Tage des Gerichtes um Vergebung bittet und an ihn erinnert, wie ein vertrauter Liebender erinnert. Vielleicht hat der Erhabene für seine rettenden Flammenzeilen Leitern aus Silber oder Gold hingestellt, auf denen die Engel von der unbewegten Erde zum Himmel emporsteigen und die Schleier der Dunkelheit lüften; gemäß jenem Koranvers:[2]

[1] Abū l-Ḥasan ʿAlī ibn Manṣūr ibn Ṭālib al-Ḥalabī, genannt Ibn al-Qāriḥ (geb. 962 in Aleppo, gest. wohl einige Jahre nach 1033 in Mosul), Schriftsteller und Sprachgelehrter, Verfasser jenes Schreibens, das Abū l-ʿAlāʾ al-Maʿarrī in seinem *Sendschreiben über die Vergebung* beantwortet (s. Einleitung).

[2] Die beiden folgenden Zitate aus dem Koran betreffen Sure 35, 10 und Sure 14, 24–25. – Übersetzung von F. Rückert (mit einer geringen Änderung im ersten Zitat).

Zu ihm steigt auf das gute Wort,
das fromme Werk erhebet er.

Und dieses gute Wort ist wohl auch gemeint, wenn der Erhabene sagt:

O siehst du nicht, wie Gott geprägt ein Gleichnis?
Ein gutes Wort, gleich einem guten Baume,
fest stehet seine Wurzel, und
sein Laubwuchs ist im Himmel.
Er bringet seine Frucht beständig
auf seines Herrn Geheiß.

Erster Teil

DAS PARADIES (I)

Die Beschreibung des Paradieses

In den Zeilen jenes Schreibens sind viele Worte, deren jedes einzelne beim hochheiligen Schöpfer in Gunst steht. Für unseren Freund, den verehrungswürdigen Scheich, sind, *so Gott will,* wegen jenes Gottespreises im Paradies Bäume mit köstlichen Früchten gepflanzt worden. Jeder Baum spendet dem Land zwischen Ost und West einhüllenden Schatten. (141) Unsterbliche Jünglinge stehen und sitzen im Schatten jener Bäume; durch die Vergebung wurde ihnen ewiges Glück zuteil. Sie sagen – Gott vermag ja das Unmögliche zu tun –: «Wir und diese Bäume sind ein Geschenk Gottes für ʿAlī ibn Manṣūr, ein Geschenk, das ihm aber verborgen bleibt, bis am Jüngsten Tag ins Horn gestoßen wird.»

An den Wurzeln jener Bäume fließen Ströme, die vom Wasser des Lebens abgeleitet sind; der Paradiesesfluß Kauthar speist sie zu jeder Zeit. Wer von ihnen nur einen Schluck trinkt, der schmeckt den Tod nicht; er ist dort sicher vor dem Vergehen. Bäche gibt es da, die überreichlich Milch führen, Milch, die sich trotz der langen Zeit nicht verändert (142); und Flüsse von edlem versiegeltem Wein – groß ist Er, der alles zu tun vermag, was er bestimmt hat. Das ist der ewige Wein,[3] nicht der tadelns-

[3] Der Wein ist den Seligen im Paradies erlaubt, den gläubigen Menschen auf der Erde aber verboten.

werte, verwerfliche. Auf ihn trifft in Wahrheit zu, was der Dichter ʿAlqama[4] über einen irdischen Wein lügnerisch ersonnen hat – und das, ohne um Vergebung zu bitten:

> Er heilt das Kopfweh; und die Hitze, die er bewirkt, schadet dem Trinker nicht. Kein Schwindel befällt den Kopf seinetwegen.

Wer aus diesen Flüssen schöpft, nähert sich ihnen mit Kelchen aus Gold und Kannen, die aus Chrysolith hergestellt wurden. Wer diese Gefäße betrachtet, erblickt etwas Neuartiges, nie Geschautes. Der Dichter Abū l-Hindī[5] (Gott erbarme sich seiner!) hat von alledem nicht einmal geträumt. (143) Er liebte den Wein der vergänglichen Welt und begehrte die nahe, verwerfliche Sache. Zweifellos kennt unser Scheich die Gedichtsammlung Abū l-Hindīs sehr genau. Von ihm stammen die Verse:

> Krüge, an denen kein fettiger Schmutz hängt, ersetzen dem Abū l-Hindī den unversehrten Schlauch;
> Krüge mit Seihern aus Seide; als ob ihre Hälse die Hälse der Töchter des Wassers[6] wären, die der Donner erschreckt hat.

[4] Vorislamischer Dichter, über dessen Leben nur wenig Sicheres bekannt ist. Er stand in Verbindung mit dem Hof der Lachmiden in al-Ḥīra (s. Anm. 11), der arabischen Vasallen der sassanidischen Großkönige. Mit Imraʾalqais, dem größten vorislamischen Dichter (s. Anm. 104), soll er einen poetischen Wettstreit gehabt haben. – Von ihm ist sogleich unten noch einmal die Rede; der Scheich ʿAlī ibn Manṣūr wird ihn in der Hölle sehen und ansprechen.

[5] Dichter der Umaijadenzeit, stammte wahrscheinlich aus Kufa. Er lebte in Ostpersien und starb zu Beginn der ʿAbbāsidenzeit (um 750). Als Weindichter ist er Vorgänger des Abū Nuwās (s. Anm. 14).

[6] Die beschriebenen Krüge (*abārīq*) haben Tüllen (Ausgußrohre), die mit den vorgestreckten Hälsen von Wasservögeln verglichen werden. – Die ‹Töchter des Wassers› sind Wasservögel.

Wenn jener andere Dichter Abū Zubaid[7] diese Krüge gesehen hätte, dann hätte er gewußt, daß er wie ein Diener oder ein niedriger Knecht war, daß er nichts Gutes besang und zufrieden war mit wenig ‹Weizen›. Er hätte gelacht über seinen Vers:

> Krüge,[8] wie die Hälse von Wasservögeln, über
> die ein Hanfkleid gelegt wurde.

Weit gefehlt! Es ist, als ob diese prächtigen Krüge, die von strahlenden Mädchen getragen werden, glänzende Schwerter wären![9]

Und wenn ʿAlqama sie angeschaut hätte, dann wäre er geblendet und erschreckt dagestanden und hätte geglaubt, daß sein Verstand schwach sei. – Wo mag der unglückliche ʿAlqama diese Krüge wohl jetzt sehen? Vielleicht ist er in einem höllischen Feuer, das nicht erquickt, dessen Wasser für den Trinker vielmehr kochend heiß ist. Was ist aus ʿAlqama ibn ʿAbada und seiner Schar geworden? Sein Krug ist verschwunden und zerbrochen. Hat er nicht gedichtet:

> Es ist, als ob ihr Krug, der mit einem Leinen-
> tuch umwickelt und verschleiert ist, eine
> Gazelle auf einer Anhöhe wäre;
> ein weißer, mit einem Halsband aus Basilien-
> zweigen umkränzter, aromatisch duftender,
> den sein Hüter soeben ans Tageslicht brachte.

[7] Christlicher Dichter der frühislamischen Zeit.

[8] Genauer wäre: «Krüge mit *Tüllen* wie die Hälse von Wasservögeln».

[9] Der Vers enthält ein unübersetzbares Wortspiel. Das arabische Wort *abārīq*, in dem das Verb *baraqa*, ‹leuchten›, ‹funkeln› steckt (oder zu stecken scheint) und das ‹Krüge›, ‹Mädchen› und ‹Schwerter› bedeuten kann, wird hier dreimal in seinen verschiedenen Bedeutungen verwendet. – Vergleichsgrund in dem Vergleich der Krüge mit Schwertern ist der Glanz.

Der Baum mit den smaragdenen Zweigen

Fürwahr, ein einmaliger Blick auf jene Krüge ist besser als die Tochter der Weinrebe in der vergänglichen Welt und als jeder (146) süße Speichel einer Schönen in diesem trügerischen Haus, das allen Stolz zunichte macht.

Und wenn ʿAdī ibn Zaid[10] sie gesehen hätte, dann hätte er Wein und Jagd vergessen, und er hätte eingestanden, daß seine Weinkrüge und seine Genossen, die Zecher und Trinker der Stadt al-Hīra,[11] ohne Wert sind; Dinge, die nicht aufgewogen werden können gegen ein Kräutchen im Sand oder ein Steinchen am Boden.

Dem Uqaischir al-Asadī[12] ist im Rennen ein Unglückspferd zugefallen; bis zum Auferstehungstag ist er in elender Lage. Er hat gedichtet – vielleicht wird er bereuen, wenn am Jüngsten Tag «die Haut birst» –:

> Vernichtet hat mein Erbe und mein ganzes
> Vermögen, das ich angesammelt habe, das
> Stoßen der Trinkbecher an die Münder der
> Krüge.

[10] Berühmter christlicher Dichter der vorislamischen Zeit aus al-Hīra (s. folgende Anm.); bekannt für seine Wein- und Jagdgedichte, aber auch für seine Verse über die Vergänglichkeit alles Irdischen (*ubi sunt qui ante nos*-Motiv). Er spielt im *Sendscheiben* eine große Rolle, der Scheich ʿAlī ibn Mansūr wird ihn im Paradies treffen.

[11] In der Nähe der heutigen Stadt Kufa im Südirak. Al-Hīra war die Hauptstadt des Reiches der Lachmiden (oder Nasriden) (reg. von ca. 300–ca. 600 n. Chr.), arabischer Vasallen der sassanidischen Großkönige. Die Bevölkerung der Stadt hing dem nestorianischen Christentum an. Lachmidische Herrscher des 6. Jahrhunderts waren Mäzene zahlreicher vor- und frühislamischer Dichter. Al-Hīra war ein Zentrum des Weinhandels; damit hängt zusammen, daß fast alle in der Stadt und am Lachmidenhof verkehrenden Dichter in ihren Oden Wein und Gelage beschrieben haben.

[12] Aus der Gegend um Kufa stammender Dichter der frühislamischen und frühen Umaijadenzeit. Verfaßte vor allem Wein-, Schmäh- und Zotengedichte. Sein lockerer Lebenswandel gab Anlaß zu zahlreichen Anekdoten.

Was sind er und sein Trank nun? Seine Wünsche sind in der trügerischen Welt verflogen. Hätte er die Krüge des Paradieses gesehen, (148) so wäre er sicher gewesen, daß er im Diesseits durch eine Täuschung verführt wurde und daß er sich über etwas gefreut hat, das in Wahrheit keine Freuden hervorruft.

(149) Wie viele Gefäße gibt es bei diesen Flüssen aus graviertem Chrysolith! Und aus Topasen, Rubinen und Saphiren, die gebildet sind nach der Gestalt von Gazellen; man möchte meinen, sie brennen, wenn man sie berührt; ganz so, wie as-Sanaubarī[13] gedichtet hat:

> Du glaubst, daß sein Glanz Strahlen schießt; und
> so willst du dich seinem Glanz nicht nähern.

Bei jenen Flüssen sind Gefäße in der Gestalt von Vögeln, solchen, die schwimmen und solchen, die das fließende Wasser entbehren können. Darunter finden sich auch Gefäße in der Gestalt von Kranichen; andere ähneln Singvögeln, wieder andere haben die Gestalt von Pfauen und Enten. Einige sind im fließenden Wasser, andere an der Küste. Aus ihren Öffnungen sprudelt Wein, der wegen seiner Klarheit einer Fata Morgana gleicht. Wenn der Dichter Abū Nuwās al-Hakamī[14] einen Schluck davon getrun-

[13] Syrischer Dichter; berühmt durch seine Blumen- und Gartengedichte. Er gehörte dem Kreis um den Hamdānidenfürsten Saifaddaula (reg. 945–967) in Aleppo an, der als Mäzen von Dichtern, Philosophen und anderen bedeutenden Leuten im 10. Jahrhundert eine ähnliche Rolle spielte wie Herzog Karl August im Weimar der Goethezeit. – As-Sanaubarī starb im Jahre 945.

[14] Einer der interessantesten und vielseitigsten arabischen Dichter. Er lebte in der frühen ʿAbbāsidenzeit und war Hofdichter und Zechgenosse des Kalifen al-Amīn (reg. 809–813), des Sohnes von Hārūn ar-Raschīd. Abū Nuwās ist berühmt durch seine Liebes- und Jagdgedichte, insbesondere aber durch seine Weingedichte. Er starb um 815 in Bagdad.

ken hätte, so hätte er befunden, daß dieser Wein die Erfüllung des urewigen Wunsches ist. Und alle Weindichter, die neuen (150) und die alten,[15] würden sich für *ihn* entscheiden und bezeugen, daß, da jener Tropfen wahrlich eine Königin ist, all die vielen anderen Arten von Weinen, die der vergänglichen Welt zugehören, samt den Arten von berauschenden Getränken, die sonst noch hergestellt werden und den Trinker anregen und beschweren – wie das Bier, der Honigwein, das Weizenbier, das böse Hirsebier –, sowie jene berauschenden Getränke, die von der Dattelpalme stammen und in die Hände eines Freigebigen gelangen, der darum gebeten wird, oder auch in die Hände eines Geizhalses (153), dazu die Weine, die in den Tagen Adams und Seths bis zum Auferstehungstag gekeltert wurden, die kurze oder lange Zeit gelagert wurden – nicht edel genug sind, daß sie sich unter die Untertanen dieser Königin einreihen könnten.

Mit jenem Wein wetteifern Ströme von geläutertem Honig. Dieser Honig ist jedoch nicht von Bienen gesammelt worden, die am frühen Morgen zu den Blumen fliegen. Er ist auch nicht im Wachs verborgen; vielmehr sprach der Allmächtige zu ihm: Sei! und er war; Gott gab ihm durch seine Güte die Möglichkeit zu sein. Wie wunderbar ist dieser Honig! Er verdirbt nicht durch Feuer; und wenn der erhitzte Zecher von ihm kostete, so würde er bis in alle Ewigkeit nicht von Pocken befallen und legte nie das Kleid des Fieberkranken an. All das ist so gemäß Gottes Wort:[16]

[15] Das heißt: sowohl die Dichter der ʿAbbāsidenzeit als auch die der vorislamischen, frühislamischen und Umaijadenzeit.

[16] Sure 47, 15. – Übersetzung von M. Henning.

Das Bild des Paradieses, das den Gottesfürchtigen
verheißen ward:
In ihm sind Bäche von Wasser, das nicht verdirbt,
und Bäche von Milch, deren Geschmack sich nicht
ändert,
und Bäche von Wein, köstlich den Trinkenden;
und Bäche von geklärtem Honig; und sie haben
in ihnen allerlei Früchte.

Wüßte ich doch, ob es dem Dichter an-Namir ibn Taulab[17] vergönnt ist (154), diesen Honig zu kosten! Ist es ihm vergönnt, dann weiß er, daß der Honig der vergänglichen Welt, verglichen mit diesem, wie bittere Koloquinte[18] schmeckt. Als Namir seine Geliebte Umm Hisn beschrieb und dabei die Speisen nannte, mit denen sie in Wohlleben und Sicherheit versorgt wurde, erwähnte er weißes Mehl mit Butter und geläuterten Honig. So erbarme sich der Schöpfer seiner, wo er jetzt tot ist! Er hat sich ja noch zum Islam bekehrt und einen einzelnen Prophetenausspruch überliefert. So müssen wir uns damit begnügen, daß er dieses eine Prophetenwort richtig vorgetragen und weitergegeben hat. – Der arme an-Namir hat gedichtet:

Meinen Gefährten erschien, während sie
schlummerten, ein nächtliches Traumbild
von Umm Hisn.
Sie hat, was sie begehrt: geläuterten Honig,
wenn sie mag, und weißes Mehl mit Butter.

[17] Dichter der frühislamischen Zeit. Trat in vorgerücktem Alter zum Islam über. Seine Dichtung wird wegen ihrer Sprachreinheit und Schönheit sehr gelobt.

[18] Wüstenpflanze (Kürbisgewächs). Aus ihren zitronengroßen Früchten wird ein sehr bitterer Extrakt hergestellt, der als Heilmittel Verwendung findet.

(164) Wenn nur zwei Waagschalen vom Honig der Paradiesesgärten, den Gott der Erhabene geschaffen hat, sich mit dieser trügerischen Welt vermischten, dann würden alle bitteren Bäume und Kräuter wie der Sāb-Baum, das Aloe, (165) das Absinthgras, die Koloquinte und all die anderen bitteren Pflanzen ihre Eigenschaft verändern und fortan zu den hohen Genüssen zählen. Die bittere Milch, die man am Sāb-Baum verabscheut, würde wie ausgepreßtes Zuckerrohr, und die unreife Koloquinte wäre plötzlich so, daß man sie in der Stadt al-Ahwāz für Zucker hielte, denn sie ist ihm ja gleich geworden. Wenn die Kamelhirtin eine Koloquinte fände, dann würde sie sie ihrer eifersüchtig bewachten Herrin schenken. Die Zuckerrohrbesitzer an der Küste des Meeres würden ihren Lebensunterhalt verlieren, und aus Myrrhe würde ohne Zauberei die Honigspeise Fālūdh.

(167) Wenn Gott (gepriesen werde sein Name!) einem Menschen gnädig gewährt, daß er zu diesen Strömen gelangt, dann kann er Fische aus Süßigkeiten darin fangen, derengleichen man niemals gesehen hat. Hätte al-Mutanabbī[19] diese Fische gesehen – wahrlich, er hätte jenes Geschenk verachtet, das er erhielt und über das er dann dichtete:

> (168) Das Geringste im Geringsten dieser Gabe
> ist ein Fisch, der in einem Teich aus Honig spielt.

[19] Der im Jahre 915 in Kufa geborene Abū t-Taijib al-Mutanabbī gilt den meisten Arabern als ihr größter Dichter überhaupt; er wurde auch von al-Maʿarrī hochgeschätzt. Al-Mutanabbī gehörte zeitweise dem Kreis um Saifaddaula in Aleppo an (vgl. Anm. 13), besuchte aber auch Ägypten und Persien. Berühmt sind seine Lobgedichte auf bedeutende Persönlichkeiten seiner Zeit wie Saifaddaula (zur Hochschätzung der Lobdichtung s. Anm. 378) sowie seine Traueroden (Totenklagen) und die Gedichte über seine eigene Person. – Er wurde 965 von Wegelagerern ermordet.

Auch in den Strömen von Wein spielen Fische. Sie haben die Gestalt von Meeres- und Flußfischen und von solchen, die in hervorsprudelnden Quellen leben und verschiedene Arten von Futterpflanzen fressen. Doch bestehen sie aus Gold und Silber und verschiedenen Edelsteinen, die wie blendendes Licht sind. Wenn der Gläubige seine Hand ausstreckt zu einem jener Fische, so trinkt er aus dessen Mund ein köstliches Getränk, so süß, daß, wenn nur ein einziger Schluck davon in den Ozean fiele, dessen Wasser keiner trinken mag, die Tiefen des Meeres und die Wogen süß davon würden. Und der salzige Geruch des Meerwassers würde dann wie der Duft von Lavendel auf einem weichen Boden, den die Wolke nächtens mit Tau befeuchtet hat, oder die Blume eines milden Weines, der in kleinen Krügen kreist und der in den Kopf steigt.

Ein Zechgelage im Paradies

Plötzlich ist mir, als sähe ich unseren Scheich ʿAlī ibn Manṣūr vor mir (möge Gott durch dessen Unsterblichkeit der Schönheit ewige Dauer verleihen!), sobald er sich – *durch seine wahre Reue* – jene hohe Rangstufe im Paradies verdient hat (169). Er hat sich Zechgenossen ausgewählt aus Sprachgelehrten und Literaten, die nun im Paradiese weilen, wie al-Mubarrad, Ibn Duraid, Jūnus ibn Habīb und Thaʿlab,[20] und auf die nun das Wort des Heiligen Buches zutrifft:[21]

[20] Jūnus ibn Habīb (gest. 798), al-Mubarrad (gest. 898), Thaʿlab (gest. 904) und Ibn Duraid (gest. 933) sind bedeutende Sprachgelehrte, Grammatiker und Lexikographen. Sie gehören teils der basrischen, teils der kufischen Schule an. Al-Mubarrad, seinerzeit Haupt der basrischen Schule, und sein Zeitgenosse Thaʿlab, Haupt der kufischen Schule, waren heftige und streitbare Rivalen.

[21] Sure 15, 47–48. – Übersetzung von F. Rückert.

Und weggenommen haben wir,
was war in ihrer Brust Unlautres;
als Brüder, auf den Thronen
einander zugekehrt.
Nie rührt sie drin Ermüdung an,
und nie sind sie daraus vertrieben.

So wurde die Brust Thaʿlabs dort reingewaschen von seinem Haß auf al-Mubarrad, und die beiden sind nun einander zugetan und stets beisammen, wie Mālik und ʿAqīl, die beiden Zechgenossen (170) des Königs Dschadhīma,[22] die eine gemeinsame Schlafstätte hatten. Und auch das Innerste des Herzens Sībawaihis[23] wurde reingewaschen vom Groll auf al-Kisāʾī[24] und dessen Genossen, jenem berechtigten Groll auf Grund dessen, was diese ihm angetan hatten in jener gelehrten Sitzung[25] bei den Barmakiden.[26] Abū

[22] Eine sagenumwobene Figur der vorislamischen arabischen Geschichte, König im Irak. Die Tradition legt seine Regierung in die hirensische Zeit (über al-Hīra vgl. Anm. 11). Hinter dem Sagenheld steht wahrscheinlich eine historische Persönlichkeit, die im 3. Jahrhundert n. Chr. gelebt hat. – Die beiden unzertrennlichen Freunde Mālik und ʿAqīl sollen 40 Jahre Dschadhīmas Zechgenossen gewesen sein. Dann soll er sie getötet, dies aber später bitter bereut haben. – Siehe auch S. 140.

[23] Einer der bedeutendsten arabischen Sprachgelehrten. Er war, wie so viele andere, persischer Abstammung; der erste, der ein umfassendes Buch über die arabische Grammatik schrieb. Dieses erhielt den Titel *al-Kitāb*, ‹das Buch› schlechthin. Sībawaihis Terminologie wird in der arabischen Grammatik bis heute verwendet. Er starb wahrscheinlich im Jahre 796.

[24] Bekannter Grammatiker und Koranleser (zur Koranlesung vgl. Anm. 360). Er starb 805.

[25] Nach einer oft zitierten Anekdote sollen Sībawaihi und al-Kisāʾī in dieser Sitzung eine gelehrte Diskussion über eine grammatische Streitfrage gehabt haben. Schiedsrichter waren Beduinen, deren Arabisch als völlig korrekt galt. Die Diskussion endete mit einer – manipulierten – Niederlage Sībawaihis. Einige Berichte führen den frühen Tod Sībawaihis auf seinen Gram hierüber zurück.

[26] Berühmte Wesirsfamilie der frühen ʿAbbāsidenzeit; sie wurde unter Hārūn ar-Raschīd (reg. 786–809) gestürzt. Durch *Tausendundeine Nacht* ist sie auch europäischen Lesern bekannt.

ʿUbaida[27] hegt jetzt eine reine Gesinnung gegenüber al-Asmaʿī,[28] und ihre (171) Freundschaft ist über jeden Zweifel erhaben. Die beiden sind nun Brüder wie Arbad und Labīd;[29] sie haben die Glut ihrer alten Feindschaft ganz ausgelöscht.

> Und auch die Engel gehen ein zu ihnen
> durch jedes Tor:
> Fried' über euch, dieweil ihr ausgeharret;
> schön ist der Lohn des Hauses![30]

ʿAlī ibn Mansūr (Gott möge durch das Leben unseres Scheichs das Wissen fördern!) ist mit ihnen zusammen, so wie der Dichter al-Aʿschā[31] sagt:

> (172) Aufgestützt liegend, stritt ich mit den
> Zechgenossen um Basilienzweige[32] und um
> einen köstlichen Wein, dessen Seihertuch
> stets naß blieb

[27] Bedeutender basrischer Philologe, einer der besten Kenner der altarabischen Sagen und Vorzeitkunden. Sammler der Nachrichten der Araber über ihre Schlachttage. Er starb 822 oder einige Jahre später.

[28] Ebenfalls ein wichtiger basrischer Philologe; seine Bedeutung lag vor allem in der Überlieferung altarabischer Dichtung. Seinem Rivalen Abū ʿUbaida wurde er wegen seiner größeren Gewandtheit meist vorgezogen. Er starb 828.

[29] Labīd ibn Rabīʿa; bedeutender vor- und frühislamischer Dichter, Verfasser einer *Muʿallaqa* (s. Anm. 87). Der Scheich ʿAlī ibn Mansūr wird ihn zweimal im Paradies treffen (s. unten S. 85ff. und S. 132). – Arbad war Labīds Halbbruder, dessen Tod er in berühmten Trauergedichten beklagte.

[30] Sure 13, 23–24. – Übersetzung von F. Rückert, mit einer geringen Änderung.

[31] Bedeutender vor- und frühislamischer Dichter; war Monotheist, wahrscheinlich Christ (gest. um 630); zu ihm vgl. auch Anm. 111. – ʿAlī ibn Mansūr wird bald mit ihm zu tun haben; s. sogleich unten.

[32] Bei ihren Gelagen bekränzten die Zecher Kannen und Becher, aber auch ihre Scheitel, mit duftenden Basilienkräutern (Basilikum).

und von dessen Rausch – er hielt lange an –
sie nur wieder zu sich kamen, um «Gib her!»
zu rufen, ob sie nun den ersten oder den
zweiten Trunk nahmen.
Rasch brachte ihn ein mit Glasbehang und Perlen
geschmückter, rühriger Schenke, dessen untere
Hosenränder aufgeschürzt waren.
Dort mochtest du von manch einer respondierenden
Laute glauben, daß die Harfe ihr lausche, wenn
die leichtgekleidete Sängerin den Kehrreim auf
ihr spielte.

Abū ʿUbaida repetiert mit ihnen die Schlachten der alten Araber und die Kämpfe der Ritter; und al-Asmaʿī rezitiert ihnen jene Gedichte, die den Dichtern am besten gelungen sind.[33] Dann finden sie Gefallen am Spiel und werfen jene Gefäße in die Flüsse aus Honig. Der Nektar, der in sie einströmt, füllt sie; und wie herrlich füllt er sie! Wenn jene Gefäße zum ersten Mal gebraucht werden, so hört man von ihnen Melodien; durch Töne wie diese werden die Toten auferweckt. Darauf sagt der Scheich (Gott möge durch unseres Freundes langes Leben die Tage zieren!): «O weh über den Höllensturz al-Aʿschā Maimūns! Wie viele zuverlässige Reittiere hat er angespornt! Ich hätte gewünscht, daß (173) die Quraisch[34] ihn nicht gehindert hätten, als er sich zum Propheten (Gott segne ihn und spende ihm Heil!) begab. Ich mußte soeben an ihn denken, als jene Gefäße gefüllt wurden, wegen seiner Verse im folgenden Gedicht:

[33] Vgl. Anmerkungen 27 und 28.

[34] Das mächtigste Geschlecht in Mekka zur Zeit des Propheten und danach. Die Quraisch verhielten sich lange Zeit feindlich gegenüber Muhammad.

Ein reiner Wein! Wenn er gemischt wird, hält das
Auge seine Blasen für Blüten einer roten Blume;
sein Duft ist wie der Duft von stark riechendem
Moschus, den der Weinschenke ausgießt, wenn
es heißt «Beeil dich!»
Ein Wein aus dem Schlauch der Weinhändler in
einem dunkelbraunen, geräumigen Krug aus
al-Hīra,
einem tiefgründigen, der sich nicht um das Tageslicht kümmert; aus dem die Kannen und Becher
schöpfen.

(174) Hätte al-Aʿschā den Islam angenommen, so wäre er jetzt vielleicht unter uns in diesem geselligen Kreis und trüge uns Oden in seltenen Versmaßen vor; Gedichte, die er im ‹Hause der Trauer› verfaßt hat. Sicher würde er uns auch seine Geschichten mit Haudha ibn ʿAlī, ʿĀmir ibn at-Tufail, Jazīd ibn Mushir, ʿAlqama ibn (175) ʿUlātha, Salāma ibn Dhī Fāʾisch[35] und anderen erzählen, die er gepriesen hat oder geschmäht, die er fürchtete oder von denen er etwas erhoffte.

Der Ausflug des Scheichs

Sodann kommt unserem Scheich (möge Gott seinem Talent Dauer verleihen!) etwas in den Sinn, das man in der vergänglichen Welt ‹Ausflug› nennt. Er besteigt eines der edlen Reittiere des Paradieses, das aus Rubinen und Perlen geschaffen ist und ein gemäßigtes Temperament hat, nicht

[35] Die fünf Persönlichkeiten waren allesamt Stammesführer, denen al-Aʿschā Lobgedichte gewidmet hat. ʿĀmir ibn at-Tufail, selbst ein bekannter Dichter, war einer der erbittertsten Feinde des Propheten. Er starb um 632.

zu heiß und nicht zu kalt. Er nimmt auch ein Gefäß für Wein mit. Dann reitet er kreuz und quer im Paradies herum (176), wobei er etwas von der Speise der Ewigkeit bei sich führt, die dort für selige Väter oder Söhne aufbewahrt wird. Als er sein Reittier galoppieren sieht zwischen Ambrahügeln und Basilienkräutern, die verbunden sind durch Thymian, erhebt er seine Stimme und zitiert die folgenden Verse al-Aʿschās:

O, wüßte ich doch, wann uns die trabende
 Kamelin nach al-ʿUdhaib und as-Saibūn
 bringen wird,
während ich hinten am Sattel einen Weinschlauch,
 einen Brotfladen, ein Bündel Basilienkraut und
 ein Stück Fisch angebunden habe!

Das Gespräch mit al-Aʿschā

Auf einmal ruft da jemand: «Weißt du auch, o Diener Gottes, dem vergeben wurde, von wem dieses Gedicht stammt?» Der Scheich antwortet ihm: «Jawohl. Gelehrte, denen wir vertrauen, haben uns überliefert nach früheren Gelehrten,[36] denen sie vertrauten, (177) und diese haben ihr Wissen ererbt von noch Früheren, Generation auf Gene-

[36] Diese Rede besteht aus einem sog. Isnād, d.h. einer möglichst lückenlosen Überlieferkette. Solche Ketten, die die Authentizität der überlieferten Nachricht verbürgen sollten, waren obligatorisch im Hadīth, der Wissenschaft von den Aussprüchen und Taten des Propheten und seiner Gefährten, und wurden auch in zahlreichen anderen Wissenschaften, so auch in der Philologie, verwendet. – Es ist offensichtlich, daß al-Maʿarrī hier den Gebrauch des Isnāds parodiert. – ‹Eidechsenjäger› ist ein Schimpfwort, mit welchem Städter, besonders solche persischer Abstammung, gern die Beduinen bezeichneten, über deren primitive Lebensweise sie sich lustig machten.

ration, zurück bis hin zu Abū ʿAmr ibn al-ʿAlāʾ,[37] und der hat es ihnen überliefert nach Beduinenscheichen – Eidechsenjägern in Landstrichen mit rauhem Boden und Trüffelsammlern in den Wohnsitzen der Wüste, Männern, die keine Speisen aus geronnener Milch aßen und die die Früchte nicht in den Gewandbausch taten –, daß dieses Gedicht von al-Aʿschā Maimūn ibn Qais ibn Dschandal ist, dem Genossen des Stammes der Rabīʿa ibn Dubaiʿa ibn Qais ibn Thaʿlaba ibn ʿUkāba ibn Saʿb ibn ʿAlī ibn Bakr ibn Wāʾil.» Darauf der Rufer: «Ich selbst bin jener Mann. Gott hat mir Gnade erwiesen, nachdem ich bereits am Rand der Hölle war und schon die Hoffnung auf Vergebung und Sühnung aufgegeben hatte.» Froh und vergnügt wendet der Scheich sich ihm zu, und da steht vor ihm ein schöner hellhäutiger Jüngling, der die Zeit genüßlich und in Wohlleben verbracht hat (178). Aus seiner Nachtblindheit[38] ist eine allseits bekannte Schönäugigkeit geworden, und der krumme Rücken, den er im Diesseits hatte, ist nun wunderbar gerade.

Unser Scheich bittet ihn: «Erzähl mir doch, wie du dem Höllenfeuer entkommen bist und vor dem furchtbaren Grauen bewahrt bliebst!» Darauf berichtet ihm al-Aʿschā: «Die Strafengel begleiteten mich schon in die Hölle, da sah ich einen Mann in den Höfen der Auferstehung, dessen Antlitz wie der Mond strahlte, während die Menschen ihm von allen Seiten zuriefen: ‹O Muhammad, o Muhammad, Fürsprache, Fürsprache![39] Wir haben aus diesem oder

[37] Basrischer Philologe und Koranleser (vgl. Anm. 361); einer der ersten gelehrten Überlieferer von Dichtung, d.h. jener Personen, die die altarabische Dichtung im großen Stil und systematisch sammelten. Er starb im Jahre 771 oder ein paar Jahre später.

[38] Al-Aʿschā ist eigentlich ein Übername und heißt ‹der Nachtblinde›.

[39] Die Muslime glauben, daß ihr Prophet beim Jüngsten Gericht Fürbitte für seine Gemeinde einlegt. Nach volkstümlicher Auffassung steht

jenem Grunde ein Recht darauf!› Noch in den Händen der Strafengel, rief ich: ‹O Muhammad, hilf mir, denn ich verehre dich tief!› Sogleich befahl Muhammad: ‹O 'Alī, beeil dich mit ihm und prüfe, worin seine Verehrung für mich besteht!› Da kam 'Alī ibn Abī Tālib (Gott segne ihn!) zu mir, während ich schon fortgeschleppt wurde, um in den tiefsten Grund des Höllenfeuers geworfen zu werden. 'Alī hielt die Strafengel von mir zurück und fragte mich: ‹Worin besteht deine Verehrung für den Propheten?› Ich antwortete ihm: ‹Ich bin es, der gedichtet hat:

> O du, der du mich fragst, wohin sich mein
> Reitkamel begeben hat! Es hat ein Stelldichein bei den Bewohnern Medinas.
> Ich schwöre: Ich empfinde erst dann Bedauern
> für mein Tier, weil es ermattet ist und wund an den Hufen, wenn es Muhammad trifft.
> Wenn immer es beim Tor des Sohnes Hāschims[40]
> verweilt, dann wird ihm der Zügel nachgelassen, und es erfährt Freigebigkeit durch seine Wohltaten. –
> Im Ernst, hast du nicht das Vermächtnis und
> Zeugnis Muhammads gehört, des Propheten Gottes?
> Wenn du dich *nicht* mit einer Wegzehrung von
> Gottesfurcht auf die Reise machst und dann, nach deinem Tode, Menschen siehst, die sich damit versorgt haben,

sein Vetter, Schwiegersohn und vierter Nachfolger (Kalif) 'Alī ihm bei dieser Aufgabe bei. – Dieses Motiv spielt im ‹Zwischenspiel› des *Sendschreibens*, s. unten S. 119 ff., eine zentrale Rolle.

[40] Gemeint ist Muhammad. ‹Sohn› ist hier im weiteren Sinne zu verstehen: Muhammad ist der Urenkel Hāschims.

dann wirst du bereuen, daß du dich nicht, wie sie,
für jenes bereit gemacht hast, wofür sie sich
bereit gemacht haben.
(179) Hüte dich vor dem Aas, daß du dich ihm
nicht näherst! Nimm keinen Pfeil aus Stahl, um
jemanden damit zu töten.[41]
Nähere dich keiner Frau, ihre Scham ist dir
verboten; heirate oder bleibe den Frauen fern!
Er ist ein Prophet, der sieht, was die andern nicht
sehen. Sein Ruf – bei meinem Leben! – hat sich
im Tiefland und Hochland Arabiens verbreitet.

(180) Ich habe bereits an Gott und den Tag des Gerichtes sowie an die Auferstehung geglaubt, als ich noch in der tiefsten Heidenzeit lebte. Daher habe ich auch gedichtet:

(181) Kein Mönch bei einer Kirche, die er erbaute,
in der er das Kreuzzeichen machte und die er
einweihte,
in der er zum Herrscher der Welt betet – bald,
indem er sich niederwirft und bald, indem er mit
erhobener Stimme inbrünstig fleht –,
ist gottesfürchtiger als du am Tag des Gerichtes,
wenn die Auferstandenen den Staub abschütteln.›

ʿAlī ging nun zum Propheten (Gott segne beide und spende ihnen Heil!) und sprach zu ihm: ‹O Gesandter Gottes! Von diesem Aʿschā aus dem Stamme Qais wird ein Preisgedicht auf dich überliefert. Er hat darin bezeugt, daß du der gesandte Prophet bist.› Der Prophet fragte: ‹Warum ist

[41] Oder: um (der Kamelin) die Ader zu öffnen (um Blut abzuzapfen und zu trinken). Diese heute noch in Schwarzafrika anzutreffende Sitte war auch im vorislamischen Arabien verbreitet. Das islamische Gesetz verbietet den Genuß von Blut und Aas.

er nicht in der vorangegangenen Welt zu mir gekommen?› ʿAlī antwortete ihm: ‹Er ist zu dir gekommen, aber die Quraisch – und seine Liebe zum Wein – haben ihn abgehalten.› Darauf legte Muhammad Fürsprache für mich ein, und man ließ mich ins Paradies eintreten, allerdings unter der Bedingung, daß ich dort keinen Wein trinke. Da war ich frohen Mutes, denn ich kann ja im Paradies auf Honig und Lebenswasser ausweichen. Es gilt nämlich die Bestimmung: Wer sich in der falschen Welt nicht reuevoll vom Wein abwendet, der kriegt ihn in der anderen Welt nicht zu trinken!»

Die zwei Schlösser

Nun läßt der Scheich seinen Blick schweifen in den Gärten des Paradieses. Er sieht zwei hochragende Schlösser, und er sagt zu sich selbst: «Ich will zu den beiden Schlössern hingehen und fragen, wem sie gehören.» Als er ihnen nahe ist, sieht er auf dem einen (182) geschrieben:

> Dieses Schloß gehört Zuhair ibn Abī Sulmā
> al-Muzanī,[42]

und auf dem anderen:

> Dieses Schloß gehört ʿAbīd ibn al-Abras al-Asadī.[43]

[42] Einer der größten und sympathischsten vorislamischen Dichter; Verfasser einer *Muʿallaqa* (vgl. Anm. 87). Zuhair wirkte höchst segensreich als Friedensstifter zwischen zwei verfeindeten Stämmen. Er soll – hochbetagt – ein Jahr vor dem Auftreten des Propheten gestorben sein (609). – Die Altersangaben in den unten zitierten Versen (der zweite ist apokryph) beziehen sich auf Mondjahre, die etwas kürzer sind als Sonnenjahre.

[43] Ein anderer vorislamischer Dichter; lebte in der ersten Hälfte des 6. Jahrhunderts.

Unser Scheich wundert sich darüber und sagt: «Die beiden sind doch in der Heidenzeit gestorben, aber die Barmherzigkeit unseres Herrn umfaßt offenbar alles. Ich werde darum bitten, mit den beiden Männern zusammenkommen zu dürfen, und ich werde sie fragen, weswegen ihnen vergeben wurde.»

Das Gespräch mit Zuhair ibn Abī Sulmā

Zuerst wendet er sich Zuhair zu. Er sieht vor sich einen Jüngling gleich einer frischgepflückten Blume, dem ein Schloß aus Perlen geschenkt wurde. Es ist, als ob dieser junge Mann nie das Gewand der Altersschwäche angelegt und nie über seine seelische Beklemmung geklagt hätte; ja, es ist, als ob er *nicht* in seiner bekannten Ode gesagt hätte:

> Ich bin der Mühen des Lebens müde. Bei deinem
> Vater! Wer achtzig Jahre lebt, der *ist* ihrer müde!

(183) und als ob er *nicht* in jener anderen Ode gedichtet hätte:

> Hast du nicht gesehen, daß mir ein Leben von
> neunzig Jahren gewährt wurde und daß ich noch
> zehn weitere Jahre gelebt habe, und dazu noch
> acht!

Unser Scheich ruft aus: «Wahrhaftig, wahrhaftig!», und er fragt: «Bist du wirklich der Vater Kaʿbs und Budschairs?[44] Az-Zuhair antwortet ihm: «Jawohl.» Darauf fragt der

[44] Von diesen beiden Söhnen Zuhairs ist Kaʿb selbst ein bekannter Dichter geworden. Er trat erst spät und nach dramatischen Ereignissen zum Islam über. Das Lobgedicht, das er bei seinem Übertritt zum Islam auf den Propheten rezitiert haben soll, ist hochberühmt geworden.

Scheich weiter (möge Gott seine Ehre ewig währen lassen!): «Weswegen wurde dir verziehen? Du hast doch in einer Zeit ohne Offenbarung gelebt, wo die Menschen sich selbst überlassen waren und keine guten Taten ausführten.» Az-Zuhair: «Meine Seele mied das Eitle, und so habe ich einen verzeihenden Herrn gefunden. Ich glaubte an Gott, den Allmächtigen. Einst sah ich im Traum, daß ein Seil vom Himmel herabkam und daß die Erdenbewohner, die sich daran klammerten, gerettet wurden. Da wußte ich, daß dies ein Befehl Gottes war, und ich legte meinen Söhnen dringend ans Herz und sagte ihnen bei meinem Tode: ‹Wenn ein gewisser Mann auftritt und euch zum Dienste Gottes auffordert, so folgt ihm!› Wenn ich selbst bis zum Auftreten Muhammads gelebt hätte, so wäre ich gewiß der erste Gläubige geworden. Zu einer Zeit, da die Unwissenheit noch regierte und die Torheit noch fest verwurzelt war, habe ich in einer meiner Oden gedichtet:

(184) Verheimlicht nicht vor Gott, was in euren
 Seelen ist, in der Hoffnung, daß es verborgen
 sei; was auch immer der Mensch verheimlicht,
 Gott weiß es!
Es wird aufgeschoben, in ein Buch geschrieben
 und dann aufbewahrt bis zum Tag des Gerichts;
 oder aber es wird sogleich vergolten.»

Darauf entgegnet ihm unser Scheich: «Aber hast du nicht auch gedichtet:

Gar oft machte ich mich des Morgens auf mit einer
 Schar von edlen Männern, berauschten, die fanden,
 was sie wollten,
die die Gewänder hinter sich herzogen, nachdem die
 Wirkung des Weinbechers und der Gesang sie
 durchströmt hatte.

Ist der Wein dir hier erlaubt, so wie den meisten anderen, die das ewige Leben haben? Oder ist er dir verboten, wie er dem Aʿschā Qais verboten ist?» Zuhair: «Al-Aʿschā, der Stammesgenosse der Bakr, hat bis zum Auftreten Muhammads gelebt. Erst Muhammad oblag es, das entscheidende Argument gegen den Wein vorzubringen, da er ja von Gott beauftragt wurde, ihn zu untersagen und die schlechten Dinge zu verbieten. Ich aber starb, als der Wein noch war wie alles andere; die Anhänger der früheren Propheten durften ihn trinken, und so gab es kein Argument gegen mich.»

Darauf lädt der Scheich den Dichter zum Zechgelage ein. Er findet, daß Zuhair ein geistreicher Trinkgenosse ist. Dann fragt er ihn nach den Sagen der Alten.

(185) Der Diener bringt einen Krug von Smaragd, in dem versiegelter Wein ist, vermischt mit Ingwer und Wasser aus dem Paradiesbrunnen Salsabīl. Unser Scheich (möge Gott seine Atemzüge vermehren!) sagt: «Wahrlich, dieser Krug ist viel schöner als jener, den as-Sarawī[45] in seinen Versen beschrieben hat:

> Wir haben einen gefüllten Krug, einen dunkel-
> braunen, den der Schenke vor sich her trägt;[46]
> wenn der Krug nur noch wenig oder kaum etwas
> hergibt, dann bröckelt man vom Siegel eines
> anderen den Lehm ab.

[45] Es handelt sich wahrscheinlich um ʿAdī ibn Zaid; über ihn s. Anm. 10.

[46] In wörtlicher Übersetzung: «dem sein Saumtier folgt». Der Sinn ist unklar. Ich fasse ‹Saumtier› als Metapher für ‹Träger› auf; dann wäre damit der Schenke gemeint, der den Krug vor sich her trägt.

Das Gespräch mit ʿAbīd ibn al-Abras

Dann wendet sich unser Scheich dem ʿAbīd ibn al-Abras zu. Und siehe da, auch ihm ist das ewige Leben gewährt worden! Der Scheich spricht ihn an: «Sei gegrüßt, o Genosse des Stammes Asad.» Darauf ʿAbīd: «Sei auch du gegrüßt! Du möchtest mich wohl fragen, weshalb mir vergeben wurde.» (Die Bewohner des Paradieses sind nämlich gescheite Leute, Dummköpfe mischen sich nicht unter sie!) Der Scheich: «Jawohl. Das ist wirklich erstaunlich. Hast du etwa eine Weisheit gefunden, die dir die Vergebung einbrachte und bewirkte, daß du von der (186) Barmherzigkeit Gottes nicht ausgeschlossen bliebst?» ʿAbīd: «Ich sage dir, daß ich schon den Höllengrund betreten hatte. Nun hatte ich aber in den Tagen des Erdenlebens gedichtet:

> Wenn einer die Menschen um etwas bittet, so
> versagen sie's ihm; aber wer Gott bittet, der
> scheitert nicht.

Und dieser Vers verbreitete sich in allen Landen. Er wurde unaufhörlich rezitiert – und meine Qual wurde immer leichter, bis ich von den Fesseln und Banden befreit wurde. Dann wurde dieser Vers weiter rezitiert, bis mich die Barmherzigkeit Gottes umfing und ich mit diesem Hause gesegnet wurde; wahrlich, unser Herr vergibt gern und ist barmherzig.»

Als der Scheich (möge Gott ihm festen Boden unter den Füßen geben!) hört, was diese beiden Männer gesagt haben, wünscht er, daß viele von den verschiedenen Klassen der Dichter das Heil erlangt haben mögen.

Das Gespräch mit ʿAdī ibn Zaid

Dann fragt er ʿAbīd: «Weißt du etwas von ʿAdī ibn Zaid,[47] dem christlichen Dichter aus al-Hīra?» Darauf antwortet ihm ʿAbīd: «Hier ist seine Wohnung, ganz nah bei dir.» Unser Scheich macht Halt bei ʿAdī, und sogleich fragt er ihn: «Wie bist du auf der Höllenbrücke gerettet und nach deinem ausschweifenden Leben erlöst worden?» ʿAdī: «Ich gehörte der Religion des Messias an, und wer zu den Anhängern der Propheten vor der Sendung Muhammads gehörte, der hatte nichts zu fürchten. Verantworten mußten sich aber jene, die sich vor den Götzen niederwarfen und zu den Heiden gehörten.» Der Scheich: «O Abū Sawāda![48] Willst du mir nicht deine Ode mit dem Reimbuchstaben Sād[49] vortragen, denn sie ist doch eine ganz neuartige Schöpfung unter den arabischen Gedichten.» Sofort schickt sich ʿAdī ibn Zaid an vorzutragen:

> Bring, solange du noch dem Ackerland von
> al-Chusūs[50] nahe bist, meinem Gefährten
> ʿAbd Hind eine Botschaft!
> Gegenüber dem Kloster al-Fūra, oder diesseits
> von ihm, nicht weit von dem Schloß Ghumair
> al-Lusūs,

47 Über ihn s. Anm. 10.

48 Es ist im arabischen Sprachraum – bis heute – höflicher, einen Mann oder eine Frau mit ‹Vater des› bzw. ‹Mutter des› anzureden als mit dem Vornamen. In dem Ehrennamen wird zumeist der Name des ältesten Sohnes verwendet. Aber auch der Name der Tochter kommt vor; so ist an-Nābigha al-Dschaʿdī Abū Lailā; s. unten.

49 Da die klassischen arabischen Gedichte einen durch das ganze Gedicht sich ziehenden, gleichbleibenden Reim (Monoreim) haben, kann man jedes Gedicht nach dem für den Reim charakteristischen Konsonanten benennen.

50 Ein Ort in der Nähe von al-Hīra (vgl. Anm. 11), beim heutigen Kufa. Auch die anderen in dem Gedicht genannten Gebäude und Orte befinden sich in der Nähe von al-Hīra.

werden für dich im Frühling auf dem Feld unter
den Bäumen Trüffel gesammelt.
Pferde jagen für dich und Vögel; laß dir die Freude
an der Jagd nicht verleiden!
Du kannst essen, was du willst, und du bekommst
einen Wein aus al-Huss zu trinken, so rot wie
die Farbe der Siegelringe!

(189) Darauf der Scheich: «Vorzüglich, bei Gott, vorzüglich! Wärest du bewegungsloses Wasser, so würdest du niemals brackig! (191) Aber eigentlich wollte ich dich nach einer grammatikalischen Besonderheit in einem bestimmten Vers von dir fragen, den kein geringerer als Sībawaihi[51] als Beleg anführt und der lautet:

Ist es eine Abend- oder eine Morgenreise, die dich
verabschiedet? Sieh du zu, welchem Zustand
du entgegengehst!»

Da entgegnet ihm ʿAdī ibn Zaid: «Bleib mir weg mit diesen Nichtigkeiten! – Ich war in der vergänglichen Welt ein großer Jäger. Vielleicht kennst du meine beiden Jagdgedichte, von denen das eine beginnt:

Gar oft ritt ich auf einem edlen Roß mit schönem,
bleichem Gesicht und mit einer Wange wie einem
Wetzstein.

und das andere (193):

Eine Aue, die mit reichlichem Regen versorgt
wurde, die im Blütenschmuck blinkt, wie die
Farbe von bunten Wollflocken in Säcken.

(195) Steht dir nicht der Sinn danach, daß wir zwei Paradiesespferde besteigen und sie auf die Rinder- und Strau-

[51] Über ihn siehe Anm. 23.

ßenherden, die Scharen von Gazellen und Wildeseln des Paradieses lenken? Habe ich in dir nun die Lust zur Jagd wachgerufen?» Der Scheich: «Ich bin ein Mann des Schreibrohrs und liebe nichts mehr als die Ruhe. Ich besaß niemals Pferde und gehörte nicht zu den Reichen, die ein großes Gefolge haben. Ich habe dich in deiner Wohnung aufgesucht, um dich dazu zu beglückwünschen, daß du der Hölle entronnen bist und dich der Vergebung des Barmherzigen erfreuen darfst. – Wie ist es um meine Sicherheit bestellt, wenn ich einen jener edlen Renner besteige, der auf den Auen des Paradieses geweidet hat und der wild wie eine Furie ist? Dabei verhält es sich mit mir, wie der Dichter von jenen alten Herren sagt:

(196) Sie haben die Pferde erst geritten, als sie
alt wurden, und nun lasten sie schwer und hart
auf ihren Flanken.

Was bewahrt mich davor, daß ich nicht das Schicksal Dschalams[52] erleide, des Gefährten der Mutadscharrida,[53] als er veranlaßt wurde, den ‹Schwarzen›[54] zu besteigen; – wahrlich, es ist vom Übel, sich auf etwas einzulassen, das man nicht gewöhnt ist! Sicher hast du auch gehört, was dem Sohn Zuhairs[55] zugestoßen ist, als er vom Renner ‹Weizenfarb› fiel und sein Genick brach; dies, obwohl er auf einem breiten Weg ritt. Daß ihn sein Bruder Kaʿb[56] in einer Trauerode beweinte, nützte ihm dann auch nichts mehr. Und ebenso ist es ja deinem eigenen Sohn ʿAlqama

[52] Persönlichkeit aus dem Umkreis an-Nuʿmān III. ibn Mundhirs, des Königs von al-Hīra (über ihn s. Anm. 68).

[53] Al-Mutadscharrida war die Gattin an-Nuʿmān III. ibn Mundhirs. Viele Dichter haben sie besungen.

[54] Das Pferd an-Nuʿmān III. ibn Mundhirs.

[55] Über ihn s. Anm. 42.

[56] Über ihn s. Anm. 44.

im Diesseits ergangen: Als er zur Jagd ausritt, traf ihn ein schwerer Schicksalsschlag, (197) und es erging ihm wie seinem Großvater Zaid.[57] Du hast über deinen Sohn gedichtet:

> Guten Morgen, ʿAlqama ibn ʿAdī! Bist du heute
> daheim geblieben und nicht ausgeritten?

Es ist sehr wohl möglich, daß mich der Renner auf die Smaragdfelsen wirft, so daß ich mir einen Arm oder ein Bein breche. Und dann werde ich zum Gespött der Paradiesesbewohner!»

Da lächelt ʿAdī und sagt: «Gott sei dir gnädig! Weißt du denn nicht, daß man im Paradies keine Krankheit zu fürchten braucht und daß seine Bewohner keine Unfälle haben?» Darauf besteigen die beiden zwei Paradiesespferde. Würde man das Reittier jedes einzelnen von ihnen aufwiegen gegen alle Reiche des Diesseits, die bestanden haben vom Anfang der Welt bis zu ihrem Ende, dann wöge dieses Reittier schwerer und würde alle diese Reiche an Wert übertreffen.

Sobald unser Freund, der Scheich, die Rinderherden erblickt, die auf den Auen des Paradieses weiden, zielt er mit seinem kurzen Jagdspeer (198) auf einen stülpnasigen, langschwänzigen Bullen, der dort tags und nachts geweidet hat. Als zwischen der Speerspitze und dem Tier nur noch der Abstand eines Fingernagels geblieben ist, ruft der Bulle: «Laß ab! Gott erbarme sich deiner! Ich gehöre *nicht* zu dem Wild des Paradieses, das Gott der Erhabene hier erschaffen hat und das nie in der vergänglichen Welt war. Vielmehr habe ich am Ort der Täuschung gelebt und streifte in einer Einöde umher. Eines Tages zog eine Kara-

[57] Beide kamen durch einen Jagdunfall ums Leben. Das folgende Gedicht ist ein Trauergedicht ʿAdīs auf seinen Sohn.

wane von Gläubigen an mir vorbei, denen die Wegzehrung ausgegangen war. Sie schlachteten mich und überstanden dank meinem Fleisch die Reise. Deshalb entschädigte mich Gott (sein Wort ist erhaben!) dadurch, daß er mich ins Paradies versetzte.»

Sofort läßt unser Freund, der verehrungswürdige Scheich, von ihm ab und wendet sich einem stämmigen Wildesel zu, von dem nichts zu befürchten ist. Als die Speerspitze nur noch eine Fingerspitze weit von ihm entfernt ist, spricht der Wildesel: «Laß ab, o Diener Gottes! Denn Gott war mir gnädig und befreite mich vom Leid: Ein Jäger jagte mich mit einem Speer; er wollte nämlich meine Haut erbeuten. Er verkaufte sie in irgendeiner Stadt. Jemand schnitt die Haut für eine wassertragende Kamelin zu, und man machte einen Schöpfeimer daraus. Durch das Wasser dieses Eimers wurde viel Not gelindert, und an seinem Brunnen vollzogen die Frommen die Waschung. Da umgab mich der Segen all jener, und ich kam ins Paradies. Hier werde ich nun versorgt, ohne abrechnen zu müssen.» Darauf bemerkt der Scheich: «Ihr solltet euch unbedingt von den anderen Tieren des Paradieses unterscheiden; wer von euch in der vergänglichen Welt war, der sollte sich nicht unter das Wild des Paradieses mischen.» Jenes Tier erwidert ihm: «Du hast uns einen guten Rat gegeben, einen Rat, wie ihn ein liebevoll Fürsorgender gibt. Wir werden befolgen, was du angeregt hast.»

Das Gespräch mit Abū Dhuʾaib, dem Hudhailiten

(199) Unser Freund, der verehrungswürdige Scheich, und sein Begleiter ʿAdī gehen nun weiter. Unversehens sind sie bei einem Mann, der eine Kamelin über einem Eimer aus Gold melkt. Sie fragen: «Wer ist der Mann?» Der antwor-

tet: «Ich bin Abū Dhu'aib, der Hudhailite.»[58] Darauf sie: «Sei gegrüßt! Hab' stets Glück und Erfolg! Mögest du in deinem Leben nicht unglücklich sein und nie sterben! Aber warum melkst du denn bei all den Strömen von Milch im Paradies? Das ist doch pure Dummheit!» Darauf Abū Dhu'aib: «Das ist so ganz in Ordnung. Es kam mir einfach in den Sinn, so wie euch die Jagd in den Sinn kam. Ich mußte an die folgenden Verse von mir aus meinem ersten Leben denken:

Eine Rede von dir – o wüßtest du es doch! –
wäre Bienenhonig in der Milch von Kamelinnen,
die kürzlich geworfen und ihre Kälber noch bei sich haben,
die ihre Kälber noch bei sich haben und zum ersten Mal, und erst kürzlich, geworfen haben;
Bienenhonig, der mit Wasser gemischt wird, das dem Gebirgswasser der Bergschluchten gleicht.

Da hielt Gott in seiner Allmacht diese Kamelin für mich in diesem Zustand fest: als ein Muttertier, das vor kurzer Zeit geworfen und ein Kalb bei sich hat. Ja, Gott nimmt es auf sich, Wohltaten zu spenden! Ich aber habe mich nach meiner Gewohnheit daran gemacht zu melken, und ich möchte die Milch mit weißem Honig von Bienen mischen, die im Paradies ihrer Königin gefolgt sind.»

[58] Die Hudhailiten sind ein arabischer Stamm, der viele Dichter hervorgebracht hat. Die Gedichtsammlung einer großen Zahl von Dichtern dieses Stammes liegt vor (sie wurde im 9. Jahrhundert zusammengestellt); es ist der einzige Fall eines erhaltenen Stammesdīwāns. Die Dichtung der Hudhailiten zeichnet sich u.a. dadurch aus, daß sie sehr oft von Bienen und der Gewinnung von Honig handelt. – Der bedeutendste Dichter des Stammes ist Abū Dhu'aib, ein jüngerer Zeitgenosse des Propheten.

Als Abū Dhuʾaibs Eimer mit Milch gefüllt ist, läßt der erhabene Schöpfer einen Bienenkorb aus (200) Edelstein entstehen, dessen Bienen aus den Blumen des Paradieses Honig geholt haben. Diesen sammelt Abū Dhuʾaib ein und mischt ihn wirklich mit seiner Milch. Er fragt die beiden: «Wollt ihr nicht trinken?» Da trinken sie aus jenem Melkeimer ein paar Schlucke, die so himmlisch sind, daß, wenn man sie auf die Höllenbewohner verteilte, diese alsbald insgesamt die ewige Seligkeit erlangen würden. ʿAdī ibn Zaid rezitiert.[59]

> Gelobt sei Gott, der uns geleitet
> zu diesem! Nimmer hätten wir
> Geleit gefunden, hätt' uns nicht geleitet Gott;
> gekommen sind die Boten unsres Herren mit der
> Wahrheit.
> Und ihnen zugerufen wird: Dies ist der Garten,
> den man euch erben ließ um das, was ihr gewirket.

Darauf spricht unser Scheich (möge Gott seinem Talent Dauer verleihen!) zu ʿAdī: «Du hast in deiner Dichtung zwei Fehler gemacht, von denen ich wünschte, daß du sie nicht gemacht hättest. Sie finden sich in den beiden folgenden Versen ...»

ʿAdī erwidert ihm in seinem hīrensischen Dialekt:[60] «O du, dem Kott keholfen hat! Du bist jetzt mit etwas keseknet worden, das dich (201) eikentlich von der Dichtung abhalten müßte; vielmehr solltest du dich jetzt so verhalten, wie dir im Heiliken Buch keboten wurde:[61]

[59] Sure 7, 43. – Übersetzung von F. Rückert.

[60] Al-Maʿarrī sagt in einer Anmerkung, daß im Dialekt von al-Hīra das *dsch* wie *k* (bzw. *g*) gesprochen wurde, und ersetzt in der Rede ʿAdīs dementsprechend *dsch* durch *k* (bzw. *g*). – In der Übersetzung ist statt dessen *g* durch *k* ersetzt.

[61] Sure 52, 19. – Übersetzung von F. Rückert.

Esset und trinket wohlgemut,
weil ihr tatet gut.

Unser Scheich (möge Gott seine Atemzüge vermehren!) entgegnet ihm darauf:

«Ich habe meinen allmächtigen Herrn gebeten, daß er mir im Paradies nicht den Genuß meiner literarischen Bildung versage, an der ich mich im Diesseits erfreut habe. Und er erfüllte meine Bitte: ‹Ihm sei Lob im Himmel und auf Erden – und am Abend und zur Mittagszeit›.»[62]

Das Gespräch mit den beiden Nābighas

Nun kommt unser Scheich bei diesem seinem Ausflug an zwei jungen Männern vorbei, die miteinander reden. Sie stehen an der Pforte eines Schlosses aus Perlen, das vor Unglück und Schaden bewahrt wurde. Der Scheich grüßt die beiden und fragt: «Wer seid ihr (202)? Gott erbarme sich euer – aber das hat er ja schon getan!» Sie antworten ihm: «Wir sind die beiden Nābighas, der Nābigha der Banū Dscha'da[63] und der Nābigha der Banū Dhubjān.»[64] Darauf sagt der Scheich (möge Gott ihm festen Boden unter den Füßen geben!): «Der Nābigha der Banū Dscha'da hat sich

[62] Sure 30, 18.

[63] An-Nābigha al-Dscha'dī ist ein Dichter der vor- und frühislamischen Zeit. Er kam – wohl in der Delegation seines Stammes – im Jahre 630 zum Propheten. Er soll 680 noch am Leben gewesen sein.

[64] An-Nābigha adh-Dhubjānī, vom Stamm der Murra, ist neben Imra'alqais (s. Anm. 104) und Zuhair (s. Anm. 42) einer der größten vorislamischen Dichter. Lange Zeit war er dem Lachmidenhof in al-Hīra (vgl. Anm. 11) verbunden. Später wandte er sich den Ghassānidenherrschern in Syrien, Vasallen der Byzantiner, zu. Berühmt sind vor allem seine großen Lobgedichte auf lachmidische und ghassānidische Herrscher.

ja in der vorislamischen Zeit durch seinen Glauben an den einen Gott jenen Zustand verdient, in dem er sich jetzt befindet. Ich weiß aber nicht, o Abū Umāma, wie es sich mit *dir* verhält.» An-Nābigha adh-Dhubjānī erwidert ihm: «Schon in der vorislamischen Zeit bekannte ich mich zu Gott und unternahm die Pilgerfahrt zur Kaʿba.[65] Du kennst doch wohl meine Verse:

> Nein, beim Leben dessen, den ich in Wallfahrten besucht habe und beim Blut der Opfer, das auf den errichteten Steinen vergossen wird,
> und bei dem, welcher den dort Zuflucht suchenden Vögeln, die die Steine abwischen, Sicherheit gibt: Die Reiter Mekkas sind zwischen al-Ghīl und as-Sanad!

(203) und meinen anderen Vers:

> Ich schwöre und lasse deiner Seele keinen Zweifel daran: Kann denn einer, der nach dem Gesetz lebt und Gott gehorcht, einen Fehltritt begehen?

Ich habe den Propheten (Gott segne ihn und spende ihm Heil!) nicht mehr erlebt; und gegen mich wäre nur dann etwas vorzubringen gewesen, wenn ich im Widerspruch zu ihm gehandelt hätte. Gott (heilig sind seine Namen; er ist ein mächtiger König und hocherhaben!) vergibt gewaltige Sünden und auch kleine.»

Darauf wendet sich der Scheich (möge seine Rede stets ausgezeichnet sein!) an alle drei und spricht: «O ʿAdī ibn Zaid, o Nābigha adh-Dhubjānī und o Nābigha al-Dschaʿdī!

[65] Die Kaʿba in Mekka war bereits in vorislamischer Zeit Zentrum eines Kultzeremoniells und Pilgerziel der Araber. Nach dem Koran war Abraham der Begründer oder Reformator dieses Kultzeremoniells. – Nach der Eroberung Mekkas säuberte Muhammad das Heiligtum von heidnischen Elementen.

Laßt uns jetzt ein Gelage abhalten. Denn unser würdiger Meister aus al-Hīra, ʿAdī ibn Zaid, hat gedichtet:

> O Herz, zerstreue dich mit Vergnügungen; ich
> habe Lust auf Musik und Spiel
> und auf chosroischen Wein;[66] wenn ein Alter ihn
> kostet, dann singt er und schwankt.

Und ferner hat er gedichtet:

> Musik, der selbst ein Greis zuhört, und ein
> Gespräch wie gesammelter weißer Honig.

(204) Aber wie kriegen wir jetzt al-Aʿschā zu uns her?» Kaum hat er den Satz zu Ende gesprochen, als al-Aʿschā auch schon der fünfte in ihrem Bunde ist. Da preisen sie Gott und heiligen seinen Namen und loben ihn, daß er sie alle vereinigt hat. Unser Scheich (Gott möge viel Schönes durch sein Leben bewirken!) rezitiert diesen Koranvers:

> Er hat die Macht, so er will, sie zu versammeln.[67]

Und als sie von den guten Dingen des Paradieses essen und von seinem Wein trinken, den Gott für seine frommen Diener gelagert hat, spricht der Scheich (Gott möge seine Hasser demütigen!): «O Nābigha, du bist doch einsichtig und klug; aber wie konnte es dir schön vorkommen, zu an-Nuʿmān ibn Mundhir[68] zu sagen:

[66] Eine bestimmte Art von Wein; eigentlich ein Wein, der mit dem sassanidischen Herrscher (Chosro, Chusrau) zu tun hat oder für ihn bestimmt ist.

[67] Sure 42, 29.

[68] An-Nuʿmān III. ibn Mundhir, der letzte König von al-Hīra (reg. ca. 580–602), Vasall der persischen Sassaniden, versammelte zahlreiche Dichter um sich, unter ihnen ʿAdī ibn Zaid, an-Nābigha, al-Aʿschā und ʿAbīd ibn al-Abras.

Der hohe Herr erklärt: Ihr Mund ist kühl und süß; wenn immer du ihn kostest, sagst du: Gib mehr davon!
Der hohe Herr erklärt: Der Durstige wird geheilt durch die Kühle ihres Zahnfleisches – ich freilich habe dieses köstliche Naß niemals gekostet.

Du hast dann so weitergemacht, so daß jedermann, Gebildete und einfache Leute, diesen Stil an dir tadeln.

(205) An-Nābigha erwidert ihm darauf scharfsinnig und verständig: «Jene, die mich getadelt haben, haben mir Unrecht getan. Wenn sie gerecht gewesen wären, hätten sie gewußt, daß ich im höchsten Maß auf der Hut sein mußte, denn an-Nuʿmān war vernarrt in jene Frau[69] und befahl mir, sie in meiner Dichtung zu erwähnen. Ich überlegte hin und her und sagte mir dann: ‹Wenn ich sie ganz allgemein, wie jede andere schöne Frau, beschreibe, dann wird meine Beschreibung möglicherweise auf eine andere Frau bezogen. Andererseits habe ich aber Angst, ihren Namen in dem Gedicht zu erwähnen; das entspricht nicht dem Wunsch des Königs, denn die Könige mögen nicht, daß man ihre Frauen nennt.› So hielt ich es für gut, die Beschreibung ihm selbst in den Mund zu legen, und deshalb dichtete ich: ‹Der hohe Herr sagt ...› Hätte ich den König nicht genannt, so hätte der Hörer geglaubt, ich beschreibe, was ich selbst gesehen habe. Auch die Verse, die darauf folgen, gehören noch zu den Worten des hohen Herrn. Wer auf den Sinn achtet, der merkt, daß dieser keineswegs gestört ist. – Aber wie lesen denn die Leute den Vers:

Wenn *ich* sie *anblicke,* sehe ich eine Mondhelle, Leuchtende?

[69] Es handelt sich um an-Nuʿmāns Gattin al-Mutadscharrida (s. Anm. 53).

Lesen sie ihn so oder etwa:[70]

> Wenn *du* sie *anblickst,* siehst du eine Mondhelle,
> Leuchtende,

und wie lesen sie die darauf folgenden Verse?»

Darauf antwortet ihm der Scheich (möge Gott jene, die ihn hassen, demütigen!): «Wir lesen: Wenn *du* sie anblickst ... – Wenn *du* sie berührst ... – Wenn *du* sie verleumdest ... usw., in der zweiten Person.» – An-Nābigha: «Das mag ja zur Not angehen; am besten ist aber, wenn man die ganze Rede in die erste Person setzt, denn wenn ich sage: ‹Der hohe Herr erklärt›, so bedeutet das soviel, wie wenn es hieße ‹Der hohe Herr sagt›; und das ist am besten, da der König dann von sich selbst spricht. Wenn ihr die Rede aber in die zweite Person setzt, so ist das schlecht; denn wenn ihr sie *mir* in den Mund legt, so wird daraus eine Beleidigung des Königs, und wenn ihr sie an-Nuʿmān in den Mund legt, so ist eine solche Rede eine Schande für ihn (206) und setzt ihn herab.» Unser Scheich (Gott möge die Bildung durch die Verlängerung seiner Lebenszeit stärken!): «Wie vortrefflich bist du doch, o du Stern der Banū Murra![71] Die gelehrten Überlieferer haben deine Verse falsch vokalisiert und verstanden. – Aber wie kriege ich jetzt die beiden Abū ʿAmr her, nämlich al-Māzinī und asch-Schaibānī,[72] sowie Abū ʿUbaida, al-Asmaʿī[73] und weitere Tradenten der Dichtung; ich will sie fragen, wie sie

[70] Da in der arabischen Schrift gewöhnlich keine Zeichen für kurze Vokale gesetzt werden (es gibt zwar Hilfszeichen, doch werden diese selten benutzt) und da sich die erste und zweite Person Perfekt nur durch einen kurzen Vokal am Schluß des Wortes unterscheiden, kann man diese beiden Formen häufig nicht auseinanderhalten.

[71] Siehe Anm. 64.

[72] Abū ʿAmr al-Māzinī (gest. 869) war ein basrischer, Abū ʿAmr asch-Schaibānī (gest. ca. 820) ein kufischer Sprachgelehrter.

[73] Siehe Anm. 27 und 28.

das alles überliefern. Du selbst sollst dabei Zeuge sein, damit du weißt, daß ich niemanden fälschlich beschuldige und niemandes Ehre verletze.» Kaum hat an-Nābigha diese Rede vernommen, da läßt Gott der Allmächtige auch schon die Überlieferer allesamt zugegen sein, ohne daß sie sich anstrengen müssen und ohne daß sie dabei eine Unannehmlichkeit haben. Sie grüßen höflich und freundlich. Der Scheich fragt (Gott möge das Ansehen seiner Rede erhöhen!): «Wer sind diese Personen aus dem Paradies?» Sie antworten ihm: «Wir sind die Überlieferer, die du soeben herwünschtest.» Darauf er: «Es gibt keinen Gott außer Gott, der alles entstehen ließ und alles festgelegt hat; gepriesen sei Er, der die Toten auferweckt und der bleibt, wenn alle Geschöpfe untergehen; gepriesen sei Er, der Allmächtige, der niemals treulos handelt! – Wie beurteilt ihr, o ihr Männer, denen die Barmherzigkeit des Herrn zuteil wurde, die Verse an-Nābighas in seinem bekannten Gedicht: ‹Wenn ich (oder: du) sie anblicke (bzw. anblickst) ... – Wenn ich (oder: du) sie berühre (bzw. berührst) ... usw. ...›? Ist die zweite oder die erste Person Einzahl zu lesen?» Die Überlieferer antworten: «Die zweite Person.» Unser Scheich: «Dieser unser Meister an-Nābigha zieht aber die erste Person vor und belehrt uns darüber, (207) daß er die ganze Rede an-Nuʿmān in den Mund gelegt hat.» Darauf die Überlieferer: «Dann ist es so, wie es im Heiligen Buch heißt:[74]

Doch das Gebot steht *dir* zu,
so sieh nun zu, was du gebietest!»

Darauf entgegnet der Scheich (möge Gott dem Wort unseres Freundes Erfolg verleihen!): «Darüber ist nun genug gesagt, o Nābigha. Rezitier' uns jetzt dein Gedicht, dessen Anfang lautet:

[74] Sure 27, 33. – Übersetzung von F. Rückert.

Macht einen kurzen Besuch bei der beregneten,
verlassenen Aue, wo al-Mutadscharrida im
Frühlingslager geweilt hat!
Sie ist parfümiert mit Moschus, ihre Hände und
Füße sind gefärbt, und sie ist behängt mit ihren
Perlen und Rubinen.
Es ist, als ob ihre Zähne – ich freilich habe ihren
Geschmack niemals gekostet! – der Honig von
Bienen in gekühltem Rotwein wäre.
Möge an-Nuʿmān sich ihrer freuen, denn sie ist eine
Gnade, die ihm jeden Tag neu zuteil wird.»

An-Nābigha: «Ich erinnere mich nicht, ‹diese Aue je betreten zu haben›.»[75] Darauf unser Freund, der Scheich (Gott mache dessen Tage in seinem ewigen Leben schön!): «Das ist wahrlich erstaunlich. Wer aber hat dir die Verse willentlich fälschlich zugeschrieben?» An-Nābigha: «Sie sind mir nicht willentlich untergeschoben worden, vielmehr hat man sie mir aufgrund einer falschen Vermutung zugeschrieben. Vielleicht stammen sie von einem Mann der Banū Thaʿlaba ibn Saʿd.» – Nun schaltet sich (208) der andere Nābigha, der von den Banū Ḍschaʿda, ein und sagt: «In der vorislamischen Zeit begleitete mich einmal ein junger Mann. Wir beide wollten nach al-Hīra. Da rezitierte er mir dieses Gedicht und sagte, es stamme von ihm. Er sagte auch, daß er zu dem Stamme Thaʿlaba ibn ʿUkāma gehöre. Als er bei an-Nuʿmān eintraf, war dieser aber unglücklicherweise krank, und der junge Mann wurde nicht bei ihm vorgelassen.» Dazu bemerkt der Nābigha der Banū Dhubjān: «Er wäre fürwahr würdig gewesen, bei an-Nuʿmān vorgelassen zu werden!»

Der Scheich (möge Gott ihm die Belohnung der Frommen gutschreiben!) bittet nun den Nābigha der Banū

[75] Das heißt: Ich kenne das Gedicht nicht.

Dscha'da: «O Abū Lailā! Rezitier' uns doch dein Gedicht auf den Reimbuchstaben Schīn,[76] in dem du sagst:

> Gar oft machte ich mich frühmorgens auf mit stolzen Zechern, bevor auf der Erde das Grün sichtbar wurde;
> versehen mit einem Schlauch, begaben wir uns zu einem Tisch aus Palmblättern, der Speisen trug, feuchte und trockene.
> Wir stiegen ab in einer wüsten Einöde, die Tropfen vom reichlichen Regen und Sprühregen getroffen hatten.
> (209) Bei uns war eine Sängerin mit schwerem Gesäß, die uns ihren Gesang hören ließ, ohne sich aufzuplustern.
> Plötzlich erblickten wir ein Rudel von fliehenden Gazellen und eine Herde von Straußen, die Abessiniern glichen.
> Wir hatten einen Knecht mitgenommen, der uns beistand auf einem schnellen, laut wiehernden Renner.
> Wir sprachen zu ihm: ‹Gib acht bei der Jagd mit ihm! Dann erlangst du durch uns die Geliebte und kannst ein bequemes Leben führen!›
> Darauf kam er zu uns mit einem munteren, widerspenstigen Pferd; er hatte einen Strauß bei sich und die Mutter einer kleinen Gazelle.
> Wir rösteten zartes, gutes, nicht zerstückeltes Fleisch und kehrten im letzten Dunkel der Nacht zurück.»

Dazu bemerkt der Nābigha der Banū Dscha'da: «Ich habe niemals eine Ode auf den Reimbuchstaben Schīn gedich-

[76] Siehe Anm. 49.

tet; und in diesem Gedicht sind Ausdrücke, die ich nie gehört habe: z.B. die Wörter für ‹Grün›, ‹Tisch› und ‹kleine Gazelle›.» Darauf unser Scheich – der Literat, der auf die Wissenschaft Versessene –: «O Abū Lailā! In deiner Epoche gab es eine große Menge von seltenen Ausdrücken der sprachreinen Beduinen; dir ist jetzt aber der Wein zu Kopf gestiegen, ein Wein, wie ihn früher weder Babylon noch (210) Adhriʿāt[77] für dich hervorgebracht haben; zudem hat dich das Fleisch jener Vögel, die in den Gärten des Paradieses weiden, von allem anderen abgelenkt. So hast du vergessen, was du einmal gewußt hast. Aber dich trifft kein Tadel, wenn du das alles vergessen hast, denn:[78]

Ja, die Genossen
des Paradieses heute sind
beschäftigt froh,
sie selbst und ihre Frauen,
im Schatten auf Ruhbetten hingelehnet,
Sie haben Früchte dort und haben, was sie wünschen.»

Die Gänse des Paradieses

Da kommt eine Schar von Paradiesesgänsen vorbei. Alsbald gehen sie zu jenem Garten hinab und bleiben stehen, ganz so wie Leute, die auf etwas warten. Und da die Vögel des Paradieses reden können, fragt unser Scheich sie: «Was ist mit euch?» Sie antworten: «Uns wurde eingegeben, diesen Garten aufzusuchen, um für die Zecher, die darin weilen, zu singen.» Darauf der Scheich: «Das geschehe, mit

[77] Beide Orte sind für ihren Wein berühmt.

[78] Sure 36, 55–57. – Übersetzung von F. Rückert, mit einer geringen Änderung.

dem Segen Gottes des Allmächtigen!» Da schütteln sich die Gänse und verwandeln sich in vollbusige Mädchen. Sie schreiten mit wiegenden Hüften im Paradiesgarten, der in seinen Farben wie bunt verzierter Seidenstoff aussieht. In den Händen halten sie Lauten und verschiedene Arten von Dingen, derentwegen solche Vergnügungen aufgesucht werden. Unser Scheich staunt, und er staunt zu Recht; doch ist das alles in Wirklichkeit gar nicht wundervoll – wegen der Allmacht Gottes, dessen Majestät gewaltig, dessen Wort mächtig und dessen Gnade auf der Welt in Fülle vorhanden ist; dessen Barmherzigkeit jedes Ding umfängt und dessen Strafe den Ungläubigen trifft. Darauf sagt der Scheich zu einem von den Mädchen, um auszuprobieren, was möglich ist: «Sing' uns folgendes Gedicht an-Nābigha adh-Dhubjānīs – das ist übrigens der, der da sitzt –:

> (213) Brichst du am Abend oder am Morgen auf
> von der Sippe Maijas, in Eile, mit oder ohne
> Wegzehrung?

und zwar im ‹ersten schweren› Rhythmus!»[79] Sie tut dies auf eine Weise, daß der Gesang alle in Entzücken versetzt und in die Glieder der Hörer strömt. – Wenn ein Götze, der aus Stein gemeißelt wurde, oder ein Tamburin, das bei einem Instrumentenbauer gesägt wurde, jenen Gesang hörten, dann würden sie tanzen; und wenn sie sich oben befänden, würden sie herabfallen und sich nicht darum kümmern, ob sie das Genick brechen. – Der Scheich (möge Gott sein sündloses Herz erquicken!) steht vor einem Wunder, gegen das keine List und keine Macht etwas vermag, und er

[79] Dieser und die entsprechenden folgenden Ausdrücke für bestimmte Rhythmen sind die wörtlichen Übersetzungen der betreffenden Spezialtermini der arabischen Musiklehre. Unübersetzt lasse ich ‹Ramal› und ‹Hazadsch›.

Die Paradiesesjungfrauen

sagt: «Jetzt bitte den ‹ersten leicht-schweren› Rhythmus!» Und schon beginnt das Mädchen mit einer Melodie in diesem Rhythmus, einer Melodie, bei deren Hören al-Gharīd[80] eingestanden hätte, daß *sein* Gesang dagegen schwach sei. Als sie das Lied so vorzüglich gesungen und ihre Aufgabe nach Wunsch ausgeführt, ja die Erwartungen noch übertroffen hat, sagt der Scheich: «Bring uns das Lied nun im ‹zweiten schweren› Rhythmus, zwischen der dritten und der zweiten Saite.» Sogleich trägt sie es vor, in einer einzigartigen Weise, so daß, wenn ʿAbdallāh ibn Dschaʿfar ibn Abī Tālib[81] es gehört hätte, er die wunderbaren und berühmten Gesänge seines Klienten Budaih[82] mit dem Schnauben eines Kamels verwechselt hätte (214). Als der Scheich das vernimmt, ruft er aus: «Gepriesen sei Gott! Immer wenn sich seine Macht enthüllt, erscheinen durch sie Wunder, gegen die auch die vortrefflichsten Dinge nicht bestehen können. – So geh, o Mädchen, nun über zum ‹zweiten leicht-schweren› Rhythmus, denn du machst es wahrhaft ganz vorzüglich. Durch deinen Gesang wird der Schlummer vertrieben.» Als sie ausführt, was er befiehlt, bringt sie wahrhaft wundervolle Dinge vor und spricht zu den Seelen: «Seid ihr nicht heiter?» Dann schlägt der Scheich ihr vor: «Nun das Ramal[83] und seinen schnellen Rhythmus, und seinen ‹Bruder›, das Hazadsch, und seinen raschen Rhythmus!» – Diese acht Rhythmen trägt die Meisterin ihren Hörern vor.

[80] Berühmter Sänger und Musiker der Umaijadenzeit; er wirkte am Hofe des Kalifen al-Walīd (reg. 705–715).

[81] Wegen ihrer Freigebigkeit und ihres Edelmuts oft genannte Persönlichkeit des Frühislams und der frühen Umaijadenzeit; Neffe des Kalifen ʿAlī.

[82] Ein anderer bekannter Sänger. Sang auch vor dem Kalifen ʿAbdalmalik (reg. 685–705).

[83] Siehe Anm. 79.

Als der Scheich sicher ist, daß sie ihre Kunst beherrscht, und weiß, daß sie die Laute virtuos spielt, jubelt er: «Es gibt keinen Gott außer Gott», und: «Gott ist groß!» Und er preist seinen Herrn und ist voll Staunens. Dann sagt er zu dem Mädchen: «Du Glückliche! Warst du nicht soeben noch eine fliegende Gans? Hat dich Gott tatsächlich als ein rechtgeleitetes und nicht als ein umherwatschelndes Wesen geschaffen? Woher hast du dieses Können? Es ist ja, als ob du mit dem Frohsinn der Seele aufs innnigste verbunden wärest. Wenn du unter den Sängern Maʿbad[84] und Ibn Suraidsch[85] aufgewachsen wärest, so hättest du die Gemüter der Hörer nicht in eine solche Erregung versetzt. Wie hast du also die Dummheit der Gänse ab- und dich in die Musik hineingeschüttelt?» Das Mädchen entgegnet ihm: (215):

> *«Was hast du schon von der Allmacht Gottes gesehen! Du befindest dich an der Küste eines Meeres, dessen anderes Ufer man nicht erreichen kann; erhaben ist Er, der die Gebeine wieder zum Leben erweckt, auch wenn sie schon morsch sind!»*

Das erste Gespräch mit Labīd ibn Rabīʿa

Während sie noch so beschäftigt sind, kommt ein Jüngling vorbei, der in seiner Hand einen Krummstab aus Rubin hält, den er durch Gottes Ratschluß im Jenseits besitzt. Er grüßt die Versammelten; diese fragen ihn: «Wer bist du?»

[84] Einer der großen Sänger und Komponisten der Umaijadenzeit. Er starb in Damaskus im Jahre 743 oder 744.

[85] Berühmter Sänger des Frühislams und der Umaijadenzeit; Lehrer des Gharīd (s. Anm. 80). Er starb in Mekka im Jahre 714.

Er antwortet ihnen: «Ich bin Labīd ibn Rabīʿa ibn Kilāb.»[86] Darauf sie: «Verehrter Meister, verehrter Meister! Wenn du nur ‹Labīd› gesagt und dann geschwiegen hättest, wärest du schon durch deinen ersten Namen bekannt genug gewesen. Du hättest gar nichts mehr hinzuzufügen brauchen. Wie fühlst du dich nun in der Vergebung deines Herrn?» Labīd: «Ich bin – Gott sei gepriesen! – in einem Leben, das niemand angemessen beschreiben kann. Dienerinnen und Diener sind um mich, und ich kenne keine Altersschwäche und keinen Verdruß.» Darauf der Scheich: «Gepriesen sei der König, der Hochheilige; keine Spekulationen reichen an seine Gewißheit heran. Es ist ja so, als ob du in der vergänglichen Welt *nicht* gedichtet hättest:

> Müde bin ich des Lebens und seiner Länge und
> der ständigen Frage der Leute: ‹Wie geht es
> Labīd?›

und als ob du niemals folgende Verse gesprochen hättest:

> Es ist mir gleich, wenn ich sterbe. Genug hab ich
> jetzt vom Leben – genug!
> Von einem Leben, dessen Länge ich überdrüssig bin.
> Ja, die Länge eines Lebens kann füglich Überdruß
> erregen!

(216) Trag uns jetzt deine Muʿallaqa[87] vor!» Darauf Labīd: «Das sei fern von mir! Ich habe die Dichtung in der trü-

[86] Über ihn s. Anm. 29.

[87] Die *Muʿallaqāt* sind eine sehr alte Sammlung von (ursprünglich sieben) ausgewählten Mustergedichten (alles längere Oden, sog. Qasīden) vor- und frühislamischer Dichter (Imraʾalqais, ʿAntara, Tarafa, Zuhair u.a.). Die Dichter sind nur mit jeweils einer, ihrer berühmtesten, Ode vertreten. – Goethe kannte die *Muʿallaqāt* durch eine englische Übersetzung; er hat sie und ihre Dichter in den «Noten und Abhandlungen» zum *Westöstlichen Divan* (im Kapitel ‹Araber›) besprochen.

gerischen Welt zurückgelassen, und ich werde zu ihr in der jenseitigen Welt nicht zurückkehren. Ich bin dafür mit Besserem und Ersprießlicherem entschädigt worden.»

***

Labīd wendet sich nun zu al-Aʿschā und sagt: «Gott sei gepriesen, o Abū Basīr! Ist dir, nachdem du zugegeben hast ... – du weißt schon was! –,[88] doch noch verziehen worden, und bist du dann doch noch in den Garten Eden gekommen?» Da ergreift unser Freund, der Scheich, für al-Aʿschā das Wort und sagt: «Du, Labīd, meinst wohl die folgenden Verse al-Aʿschās:

> Gar oft trank ich auf dem Lande – bis man mir sagte: Lange bleibt auf dem Land, was sich daran gewöhnt hat –
> einen wohlschmeckenden, gerade angebrochenen Wein, der umgegossen wird zwischen Becher und Krug;[89]
> *und ich erfreute mich an jungen, schönen Frauen – entweder durch Heirat oder durch Ehebruch.*

sowie seinen Vers:

> Ich wurde in der Nacht Stellvertreter ihres Gatten, und ihr und ihres Herrn Herr.

(219) und jene beiden Verse:

> Ich behütete sie, und er bewachte sie, bis ich mich ihr näherte, als die Dunkelheit ihr nahe war;
> ich zielte darauf ab, daß sein Auge nicht auf sein

[88] Gemeint ist der unmoralische Lebenswandel al-Aʿschās.
[89] Um ihn klar zu machen.

> Schäfchen achtete, da traf ich das Innerste ihres Herzens und ihrer Milz.

und dergleichen mehr, was von ihm überliefert wird. Es gibt hier zwei Möglichkeiten: Entweder al-Aʿschā hat diese Verse erfunden, um seine Ode pikanter zu machen, wie die Dichter dies zu tun pflegen; oder er hat das alles wirklich getan – und schließlich dennoch Vergebung erlangt:

> Du sprich: Ihr, meine Knechte, die ihr
> euch übernahmt an euren Seelen,
> verzweifelt nicht an Gottes Gnade! Gott verzeiht
> die Vergehungen alle,
> er ist der Gnädige, der Verzeiher.[90]

> Denn Gott vergibt nicht, daß ihm zugesellt sei etwas,[91]
> das mindere vergibt er, wenn er will, wer aber
> Gott etwas zugesellt, der irrt in weiter Irre.»[92]

* * *

Darauf spricht der Scheich (möge Gott seine Stimme erhaben tönen lassen!) zu an-Nābigha al-Dschaʿdī: «O Abū Lailā! Ich schätze die folgenden Verse von dir:

> Sie ist eine Frau, die guten Duft verbreitet, selbst wenn du überraschend kommst, und in jeder Lage, auch beim Schlummern und Atmen.
> (220) Es ist, als ob ihr Mund, wenn sie geweckt wird, wegen des Duftes ihrer Nase und der Schönheit ihrer Zähne
> – die gerieben und blank gemacht werden mit

[90] Sure 39, 53. – Übersetzung von F. Rückert.
[91] Das heißt: andere Götter.
[92] Sure 4, 116. – Übersetzung von F. Rückert.

einem Hölzchen von der duftenden Koloquinte
aus Barāqisch oder Hailān[93] oder mit einem
schlanken Stäbchen vom wilden Olivenbaum –
Margeriten eines Sandhügels wären, die durch
andauernde leichte Regen gewässert werden,
die in eine Silberader[94] und in Wein aus
getrockneten Weinbeeren[95] eingesetzt wurden,
die durch das Wasser der Wolken aus Daumas[96]
Gewässer getränkt wurden, Regenwasser, das
sich in kalten Nordwindnächten aus den Wolken
ergossen hat,
mit dem gemischt wurde ein im Krug grummelnder,
aromatischer Wein, dessen Genuß man nicht zu
bereuen hat.

(221) Was ist der Duft jener Frau, die in diesem Gedicht beschrieben wird, gegen den Duft der ‹gleichaltrigen, heißliebenden› Jungfrauen,[97] die du hier siehst? Nichts, bei Gott! Was ist eine gewöhnliche irdische Gefährtin wie diese gegen eine fremde, himmlische! Und was ist ihr Mund gegen den Mund einer Paradiesesjungfrau? Die Paradiesesjungfrau übertrifft jene irdische Frau wie die aufbewahrte Perle den weggeworfenen Kieselstein; sie ist ihr überlegen wie die wahren Güter, die man erstreben soll, den weltlichen Ehren, vor denen man auf der Hut sein muß.

Was ist deine ‹Silberader›, o Mann, und dein ‹Beerenwein›? Deine Geliebte im Diesseits ist keineswegs schön.

[93] Zwei Wadis im Jemen. – Es ist ein häufig anzutreffendes Stilmittel der altarabischen Dichtung, den Herkunftsort des beschriebenen (meist wertvollen) Gegenstandes zu nennen. Der Herkunftsort bürgt in solchen Fällen für die Qualität.

[94] Metapher für Zahnfleisch.

[95] Metapher für Speichel.

[96] Siehe Anm. 93.

[97] Sure 56, 37.

Wahrlich, ein Mund, der ein Stäbchen aus dem duftenden Holz des Balsam-Baumes benötigt, mutet einem anderen Mund etwas zu! Hätte dieser Mund nicht dauernd unreine Zähne, so bräuchte er das begehrte Koloquintenholz nicht, und er bräuchte auch keinen herangeschafften Zweig vom wilden Olivenbaum. Und was ist das Wasser von Dauma, das du beschrieben hast, und anderes tadelloses Wasser? Wird es nicht, wenn es lange steht, brackig, so daß es nicht mehr trinkbar ist für die Leute, wenn sie länger am Ort bleiben? Wenn das Wasser von Dauma die Kühle des Nordwindes verliert, dann wird es wie anderes, wie Wasserreste in einem Brunnen, in die der wehende Wind Blätter und Schmutz wirft und die der heiße Mittag verbrennt.

Und was ist dieser dein gemischter Wein, selbst wenn die Zecher zu ihm wallfahrten? Möge dein Wunsch stets in Erfüllung gehen; aber es soll keinen Wein, keinen klaren und keinen aromatisierten, mehr geben! Wie oft warst du in deiner Gesellschaft berauscht und hast dann bereut; und wie oft hast du dein Vermögen ausgegeben und besaßest dann nichts mehr!»

Der Gesang der Paradiesesjungfrauen

(224) Da denkt unser Scheich (möge Gott die Menschen veranlassen, gut zu ihm zu sein, und in ihren Herzen die Liebe zu ihm entzünden!) an den Gesang der Sängerinnen in al-Fusṭāṭ[98] und in der Stadt des Friedens, Bagdad. Er erinnert sich daran, daß sie ein bestimmtes Gedicht von al-Muchabbal as-Saʿdī[99] trillerten. Sogleich beginnen jene

[98] Stadt in der Nähe von Kairo, ursprünglich Heerlager der Muslime bei der Eroberung Ägyptens. Heute Stadtteil der ägyptischen Hauptstadt.

[99] Dichter der frühislamischen Zeit aus Zentralarabien. Er starb um 640. – Das Gedicht findet sich in den *Mufaddalīјāt*, einer anderen (vgl. Anm. 87) alten und bedeutenden Sammlung altarabischer Gedichte.

Mädchen, welche die göttliche Allmacht aus der Gestalt von Vögeln, die picken, in die Gestalt von großäugigen Schönen, die nicht watscheln, gebracht hat, die Verse al-Muchabbal as-Saʿdīs zu singen:

> Er gedachte ar-Rabābs[100] – und ihrer zu gedenken bedeutet Leiden; er sehnte sich nach ihr; aber keiner, der sich sehnt, hat einen festen Willen.
> Wenn ihr Traumbild erscheint, wird mein Auge verwundet, und das Wasser seiner Tränenkanäle strömt
> gleich herabgefallenen Perlen, welche aufgereiht waren auf einer Schnur, die dann riß.

(225) Jeder Laut, jeder Ton, der erklingt, bereitet den Hörern unsägliche Wonne. Wöge man diese Wonne auf gegen alle Freuden der diesseitigen Welt – von dem Zeitpunkt an, da Gott Adam erschaffen hat bis hin zu dem Zeitpunkt, wo er dessen Nachkommenschaft auf der Erde vernichtet –, so überträfe sie diese wie das wogende Meer die Träne eines Säuglings und wie das hohe Gebirge die Staubteilchen, die aus der Satteltasche geschüttelt werden.

Der Scheich sagt nun zu seinen Zechgenossen: «Hört euch doch noch diese Verse al-Muchabbal as-Saʿdīs an:

> Meine Tadlerin sagt – aber sie kennt den morgigen Tag nicht und was danach kommt –:
> ‹*Der Reichtum* ist das ewige Leben, aber die Armut bringt dem Mann seinen Todestag näher.›[101]

[100] Ar-Rabāb ist ein typischer altarabischer Frauenname, der häufig in Liebesgedichten auftritt; vgl unten.

[101] Die Tadlerin will mit dieser sprichwörtlichen Rede den Dichter wohl mahnen: ‹Vergeude dein Gut nicht!› (Die Figur der Tadlerin vertritt in den altarabischen Gedichten die gesellschaftliche Norm.) – Der Dichter ent-

Wenn du mir die Festung al-Muschaqqar[102] auf dem höchsten Berggipfel baust, den selbst Gemsen nicht erklimmen können,
dann spürt das Todesgeschick mich dennoch darin auf. Kein Richtspruch ist wie der Richtspruch Gottes!

Der Arme! Er hat diese Verse gedichtet, während die Menschen im Hause der Prüfungen (226) und der Heimsuchung waren. Durch die Schicksalsschläge, die sie treffen, greifen die Sterblichen gleichsam in die Dornen der Dattelpalmen. Die Mutter fürchtet den Tod ihres Kindes; die Angst hört in ihrem Herzen nicht auf. Die Menschen fürchten die Armut und sichern sich gegen sie ab; sie begehren und bewahren Besitz. Es gibt Hunger und Durst; man kennt Blindheit von Geburt an und Räude an Händen und Füßen. Die Eifersucht wird nicht im Zaum gehalten, und die Gärten werden nicht von Vergebung bewohnt.

Gelobt sei Gott, der von uns nahm die Trauer;
ja unser Herr ist huldreich, dankbar.
Der uns gesiedelt hat im Haus des Bleibens
nach seiner Gnadenfülle, nicht berührt uns drin
Ermüdung, nicht berührt uns drin Ermattung.[103]

Gott, der Hochheilige, sei gepriesen! Er hat diese Sängerinnen aus der Gestalt von Vögeln mit Flügeln in die Gestalt von Mädchen mit schwingenden Hüften verwandelt. Dann hat er ihnen durch seine Weisheit die Kenntnis von Gedichten eingegeben, die sie zuvor nie gehört haben. Sie haben sie in vollendeter Weise dargeboten und sie auf die ver-

gegnet ihr darauf: ‹Laß mich ruhig mein Gut verschwenden; ich muß ja doch sterben!›

[102] Alte Festung in der Landschaft Bahrain in Arabien.

[103] Sure 35, 34–35. – Übersetzung von F. Rückert.

schiedensten Arten in Musik gesetzt, treffend in der Singweise und frei von den Sprachfehlern des gemeinen Volkes. Wenn man in der diesseitigen Welt die Begabung einer Sängerin erkannte und für sie eine Lehrerin anstellte, damit sie ihr ihre Kenntnis der Tonarten ‹schwer› und ‹leicht› beibringe, und wenn die Lehrerin dies auf eine gründliche Weise tat, dann blieb das Mädchen einen ganzen Monat bei ihr, bevor ihr *ein* Vers oder zwei aus einem Liebesgedicht (reine Lüge!) beigebracht wurde. Und nun beherrscht sie Hunderte! Gepriesen sei, der über alles Unmögliche Macht hat und durch seine Gnade jeden Trefflichen auszeichnet!»

Ein Streit im Paradies

(227) Darauf ergreift der andere Nābigha, der von den Banū Dscha'da, der die ganze Zeit dagesessen und zugehört hat, das Wort und fragt al-A'schā: «O Abū Basīr, ist eigentlich die Rabāb, die al-Muchabbal in seinem Gedicht nennt, dieselbe Frau wie deine Rabāb, die du in deinem Gedicht erwähnst:

> Er ist den Tadlerinnen ungehorsam, gibt reichlich
> mit freigebigen Händen und lebt ohne Sorgen.
> Kaum hat der Hahn gekräht, da habe ich auch
> schon den Becher ar-Rabābs für ihn gefüllt, und
> er macht die Runde.
> Wenn ein leuchtender Wein unter den Schenken
> ausgeleert wird – ist es dann Silber oder Gold,
> das sie einander zuwerfen?»

Da antwortet ihm al-A'schā: «Du hast zu lange gelebt, o Abū Lailā; ich glaube, daß du deshalb altersschwach geworden bist und deinen Altersschwachsinn bis heute behalten hast! Weißt du denn nicht, daß unzählig viele Frauen ar-Rabāb heißen? Glaubst du etwa auch, daß diese Rabāb jene ist, die der Dichter folgender Verse erwähnt hat:

> Warum schauen deine Leute, o Rabāb, so schief,
> als ob sie zornig wären?
> Sie haben dich eifersüchtig bewacht; aber wieso
> denn, da doch die leere Wüste um dich herum
> ist?

(228) oder jene Rabāb, die Imraʾalqais[104] in seinem Vers erwähnt:

> Eine Wohnstätte Hinds, ar-Rabābs, Fartanās und
> Lamīs', bevor die Zeit das Unglück brachte.

Vielleicht ist ihre Mutter jene Umm ar-Rabāb,[105] die in einem anderen Vers von Imraʾalqais[106] vorkommt:

> Und ihre Nachbarin Umm ar-Rabāb in Maʾsal
> auch.»

Da entgegnet ihm an-Nābigha al-Dschaʿdī: «*So* redest *du* mit mir, du Hurenbock der ‹Söhne der kleinen Hyäne›,[107] wo du doch als Ungläubiger gestorben bist und selbst zugegeben hast, Hurerei getrieben zu haben! Ich dagegen bin dem Propheten (Gott segne ihn und spende ihm Heil!)

[104] Der größte vorislamische Dichter, Sohn eines Fürsten aus dem Stamme der Kinda. Er soll vor 550 gestorben sein. – Imraʾalqais dichtete die berühmteste aller *Muʿallaqāt* (vgl. Anm. 87), ein langes ‹Erinnerungsgedicht›, in welchem er u.a. frühere Liebesabenteuer beschreibt (Teile daraus s. unten S. 213f. mit Anm. 367-8), aber auch eine lange Nacht, einen Jagdritt und einen Regensturm schildert.

[105] Umm bedeutet ‹Mutter›, Umm ar-Rabāb ‹Mutter ar-Rabābs› (vgl. Anm. 48).

[106] In seiner *Muʿallaqa*; s. unten S. 144.

[107] Banū Dubaiʿa, ‹Söhne der kleinen Hyäne›; so heißt der (Unter-) Stamm, dem al-Aʿschā angehörte.

begegnet und habe ihm mein Gedicht vorgetragen, in dem ich sage:

> Wir erreichten durch unseren Ruhm und unseren Glanz den Himmel, und doch begehren wir einen hohen Ort noch über jenem.

Da fragte mich der Prophet : ‹Einen *wie* hohen Ort denn, o Abū Lailā?› Ich antwortete ihm: ‹Den höchsten, das Paradies, um bei dir zu sein, o Gesandter Gottes!› Darauf erwiderte der Prophet: ‹Gott möge deinen Mund nicht schließen!›

(229) Ist dir zu Kopf gestiegen, daß irgendein unwissender Kerl[108] dich als vierten der vier großen Dichter eingestuft hat? Der dich auf diese Weise vorgezogen hat, hat gelogen; *ich* habe den längeren Atem und bin der souveränere Dichter: Ich habe mehr Verse verfaßt als irgendein Araber vor mir. Du jedoch vertreibst dir die Zeit mit deinen bösen Reden und verleumdest die Töchter deines eigenen Stammes. Falls aber all das stimmt, was du sagst, dann Schande über dich und über jene, die bei dir wohnen! Die Frau aus Hizzān hatte Glück, als du dich von ihr scheiden ließest, hatte sie doch durch dich mit einem nachtblinden Kläffer zusammengelebt, der die Zeltplätze auf der Suche nach weggeworfenen Knochen durchstreifte und darauf aus war, einsam gelegene Gräber zu fleddern.»[109]

Nun wird al-Aʿschā wütend und entgegnet ihm: «So etwas sagst *du,* wo doch ein einziger Vers, den ich gedich-

[108] Gemeint ist der Kritiker Ibn Sallām al-Dschumahī (st. um 847). – Die anderen drei sind: Imraʾalqais (s. Anm. 104), an-Nābigha adh-Dhubjānī (s. Anm. 64) und Zuhair (s. Anm. 42), die allgemein als die größten altarabischen Dichter gelten.

[109] Al-Aʿschā heißt: der Nachtblinde. – Der folgende, in bildliche Rede gekleidete Vorwurf will offenbar besagen, daß al-Aʿschā als Lobdichter seine Mäzene um des Geldes willen aufsuchte und pries.

tet habe, so viel Wert ist wie hundert von deinen Machwerken? Wenn du eine große Menge Verse hervorgebracht hast, so ist doch ein Dichter, der das tut, wie jemand, der nachts Holz sammelt.[110] Ich bin aus der Wurzel der Banū Rabīʿat al-Faras; du gehörst zu den Banū Dschaʿda; und können die Banū Dschaʿda überhaupt etwas anderes als nach scheuen Straußen spähen? Wirfst du mir vor, Könige gepriesen zu haben?[111] Wenn *dir* das möglich gewesen wäre, du Schwachkopf, dann hättest du dafür Frau und Kinder verlassen. Aber du bist von Natur aus ein Feigling und Angsthase (230), du brichst *nicht* beim Einbruch der finsteren Nacht auf und reisest *nicht* in der starken Mittagshitze. Du hast mich an meine Scheidung von der Frau von Hizzān erinnert; doch als die sich von mir trennte, hat sie dabei ihren Kummer gezeigt; außerdem gilt die Scheidung weder bei Untertanen noch bei Königen als verwerflich.»

Darauf der Dschaʿdite: «Schweig still, du Unbekannter, Sohn eines Unbekannten! Ich schwöre, daß dein Eintritt ins Paradies zu den verwerflichen Handlungen gehört, aber die Urteile werden halt gefällt, wie Gott will. Es geschähe dir recht, wenn du in der tiefsten Stufe der Hölle wärest; dort braten wahrlich Leute, die besser sind als du! Und wenn der allmächtige Gott irren könnte, so würde ich sagen: Bei dir wurde ein Irrtum begangen! – Hast *du* nicht gedichtet:

> Ich trat ein, als der Wächter schlief, und ich
> verbrachte die Nacht mit ihr, ohne daß uns ihr
> Gewand voneinander trennte.

[110] Gemeint ist: Wer nachts Holz sammelt, sieht nichts und bringt gutes wie schlechtes Holz heim. So finden sich in der Dichtung eines sehr produktiven Dichters immer auch viele minderwertige Verse.

[111] Al-Aʿschā war in erster Linie Panegyriker (vgl. Anm. 35 und 109). Außerdem rühmt er sich in seinen Oden aller jener Eigenschaften und Gewohnheiten, die er im folgenden aufzählt.

Als sie dann müde wurde und sich dem Schlaf hingab, nach der Tändelei mit ihr,
machte ich aus ihrem Körper zwei Hälften und verfuhr mit ihr nach Belieben:
Ich bog den Hals einer Unerfahrenen, und ich berührte, was in ihrem Untergewand
einem gelben Parfümbüchschen glich, an dem mit Safranparfüm gemischte Ambra klebt.
(231) Und siehe da! Sie hatte auch einen Krug, der schon für ihren Weintrinker bereitgestellt war!

Du hast dich verächtlich über die Banū Dscha'da geäußert, wo doch ein einziger ihrer Kampftage mehr wiegt als alle Anstrengungen deines Stammes! Du hast behauptet, ich sei ein Feigling – und hast gelogen! Ich bin tapferer als du und dein Vater, und ich halte die frostige Finsternis besser aus als ihr und dringe tiefer ein in die brennende Mittagsglut, ‹die Mutter› der stärksten Hitze.»

Nun stürzt sich an-Nābigha al-Dscha'dī auf al-A'schā und schlägt ihn mit einer Kanne aus Gold. Da ruft unser Scheich (Gott möge durch ihn und seine Taten Frieden stiften.): «Keinen Zank in den Paradiesgärten! So etwas gab es nur in der vergänglichen Welt unter dem gemeinen Volk und den sturen Dummköpfen. Du, o Nābigha, bist ein Mann, der handelt, ohne vorher zu überlegen. Darüber gibt es sogar eine Tradition. In ihr wird berichtet, daß einmal ein Mann in Basra rief: ‹O ihr Leute der Qais!› Sogleich kam an-Nābigha al-Dscha'dī mit einem kleinen Stock, der ihm gehörte. Darauf ergriffen ihn die Büttel Abū Mūsā al-Asch'arīs, des Gouverneurs der Stadt. Dieser ließ ihn auspeitschen, weil der Prophet (Gott segne ihn und spende ihm Heil!) gesagt hat: ‹Wer sich so wenig in Geduld faßt, wie man das in der Heidenzeit tat, der ist keiner von uns!› Und wenn im Heiligen Buch nicht über das Getränk im Paradies gesagt würde:

Das nicht berauscht und nicht verdüstert,[112]

(232) dann müßten wir annehmen, daß dein Verstand verwirrt ist. Al-Aʿschā jedoch hat im Paradies immer nur Milch und Honig getrunken;[113] er ist ernst in der Versammlung und benimmt sich anständig; ja, er ist in unserer Gesellschaft zu vergleichen mit Abū Nuwās[114] in seinem Gedicht:

O ihr beiden, die ihr mir wegen des Weines
Vorwürfe macht, tadelt mich nur! Ich koste
den Wein nur, indem ich daran rieche!
Ein Kalif hat mir Vorhaltungen darüber gemacht;
ich glaube nicht, daß es richtig wäre, mich ihm
zu widersetzen.
Mein Anteil an dem Wein, wenn er kreist, ist jetzt
nur noch, daß ich ihn sehe und den Duft rieche.
So laßt ihn einem anderen zukommen; denn ich bin
jetzt nur noch ein Gesprächsgenosse.
Es ist, als ob ich und das, was ich an dem Wein
preise, ein Chāridschit[115] wäre, der nicht in die
Schlacht zieht und dennoch die Losung vertritt:
‹Das Urteil in der Schlacht kommt allein Gott zu›,
der selbst nicht die Waffen in den Krieg tragen
kann, aber einem, der dies kann, empfiehlt, nicht
daheim sitzen zu bleiben.»

(233) Darauf entgegnet ihm an-Nābigha al-Dschaʿdī: «In der trügerischen Welt wurden die Menschen oft gerade

[112] Sure 56, 19. – Übersetzung von F. Rückert. Wörtlicher übersetzt, lautet der Vers «von dem sie weder Kopfweh bekommen noch betrunken werden».

[113] Vgl. oben S. 61.

[114] Siehe Anm. 14.

[115] Eine islamische Sekte. Sie entstand während der Schlacht von Siffīn (657 n. Chr.) aus einer Gruppe von Anhängern des Kalifen ʿAlī. Die Chāridschiten fielen von ʿAlī ab, weil er sich, obwohl vor dem Siege stehend, auf einen Vorschlag seiner umaijadischen Gegner eingelassen hatte,

beim Trinken von Milch unverschämt, besonders wenn sie niedrige Sklaven waren. So sagt ein Jamben-Dichter:

> O Ibn Hischām, die Milch hat die Menschen zugrunde gerichtet; alle, die Milch trinken, kommen morgens mit einem Schwert und einem Köcher,

und ein anderer:

> Was ist die Absicht der Leute vom Stamme Dabba? Wisse: Das Herabsetzen unserer Ehre! Die Milch hat nämlich einige ihrer Dummköpfe aufgereizt.

Einmal wurde jemand gefragt: ‹Wann muß man sich vor schlimmen Taten der Banū Soundso fürchten?› Da antwortete er: ‹Wenn sie reichlich Milch haben.›»

Nun wünscht unser Scheich (möge Gott ihm seinen Wunsch erfüllen!) Frieden zwischen den Zechgenossen zu stiften. Er sagt: «Hütet euch vor einem Engel, der hier vorbeikommt. Wenn der diese Versammlung sieht, meldet er das ganze Geschwätz dem Allgewaltigen, Allmächtigen. Und dann kommt dabei sicher nichts Gutes für euch heraus. Eigentlich hat es unser Herr ja nicht nötig, daß man ihm Nachrichten überbringt; aber das verhält sich hier so wie mit den Schreiberengeln in der diesseitigen Welt.[116] Ihr wißt doch, daß Adam wegen einer geringen Sünde das Paradies verlassen mußte. Das gleiche kann erst recht einem seiner Nachkommen geschehen, der als Ungläubiger geboren wurde! – Ich frage dich nun, o Abū Basīr al-Aʿschā: Bei Gott, kommt dir gelegentlich nicht der Wunsch,

die Waffen schweigen zu lassen und einem Schiedsgericht die Entscheidung zu überlassen. Ihr Argument war dabei die Losung: ‹Das Urteil in der Schlacht kommt allein Gott zu.›

[116] Die Schreiberengel schreiben die guten und bösen Taten der Menschen auf; dies, obwohl Gott alle Taten der Menschen selbstverständlich kennt.

Wein zu trinken?» Darauf al-Aʿschā: «Bei Gott, nein! Es geht mir damit wie mit Gift: Es kommt mir nie in den Sinn, daran zu denken! Gepriesen sei Gott, daß er mir das Vergessen des Weines zu trinken gegeben hat. Ich kümmere mich auf ewig nicht mehr um Wein.»

***

An-Nābigha al-Dschaʿdī erhebt sich wütend. Unser Scheich (möge Gott die Widerwärtigkeiten von ihm fernhalten!) wünscht aber nicht, daß jener in dieser Verfassung fortgehe. Er sagt zu ihm: «O Abū Lailā, Gott (seine Macht ist gewaltig!) (234) hat uns diese großäugigen Jungfrauen gewährt, die er aus der Gestalt von Gänsen in menschliche Wesen verwandelt hat. Wähl dir doch eine von ihnen aus! Sie soll mit dir in deine Wohnung gehen, um dir dort die zartesten Andeutungen zu machen und dich die verschiedenen Arten der Melodien hören zu lassen.» Darauf sagt Labīd ibn Rabīʿa: «Wenn Abū Lailā eine Sängerin nimmt und ein anderer von uns ebenfalls eine, verbreitet sich dann nicht die Kunde davon im Paradies? Muß man nicht annehmen, daß jene, die das tun, dann den Übernamen ‹Gatten der Gänse› erhalten?» Darauf sieht die Gesellschaft davon ab, diese Sängerinnen untereinander aufzuteilen.

Hassān ibn Thābit, der Dichter des Propheten

Nun kommt Hassān ibn Thābit[117] vorbei. Die Versammelten begrüßen ihn: «Willkommen, o Abū ʿAbdarrahmān! Möchtest du nicht ein Weilchen mit uns plaudern?» Als er

[117] Der Hofdichter des Propheten. Er soll zur Zeit der Hidschra (622) zum Islam übergetreten sein. Seine Dichtungen, die teils der vorislamischen, teils der islamischen Zeit angehören, enthalten häufig Weinbeschreibungen. Er starb um 660.

sich zu ihnen hinsetzt, fragen sie ihn: «Wie findest du dieses Getränk hier im Vergleich zu deinem ‹Ausschankwein›, den du in den folgenden Versen erwähnt hast:

> Es ist, als ob Ausschankwein von Bait Rās,[118] mit welchem Honig und Wasser gemischt wird,
> ihre Zähne umgäbe; oder als ob der Geschmack frischer Äpfel, deren Ast man beim Ernten herabgebogen hat,
> (235) auf ihrem Mund wäre, wenn immer die Sterne der Nacht wenig werden und der Schleier sich mit ihnen neigt.
> Wenn man einmal die Getränke insgesamt aufzählt: Sie alle würden sich für den edlen Wein aufopfern!

Wehe dir! Hast du dich nicht geschämt, so etwas in deinem Lobpreis auf den Gesandten Gottes (Gott segne ihn und spende ihm Heil!) zu sagen?» Darauf Hassān: «Der Prophet war von viel nachsichtigerer Gemütsart als ihr meint. Ich habe ja nur Gutes gesagt; ich habe nicht davon gesprochen, daß ich Wein *getrunken* habe, und ich habe nichts Verbotenes getan. Ich habe nur den Speichel einer Frau beschrieben; das durfte ich ruhig tun; es bestand ja die Möglichkeit, daß ich den Wein auf bloße Vermutung hin beschrieb. Schließlich hat der Prophet ja auch für al-Aʿschā Fürbitte eingelegt, der an vielen Stellen seiner Gedichte geprahlt und behauptet hat, er reise in der Nacht, ob das nun stimmt oder nicht. Man hat nie von einem Hochherzigeren gehört als von unserem Propheten! Ich hatte ja die Verleumdungen gegen ʿĀʾischa ausgesprochen, worauf er mich mit Mistah auspeitschen ließ.[119] Dann verzieh er mir aber und schenkte mir

[118] Ortschaft bei Aleppo.

[119] Hassān spielt hier auf einen Skandal an, in den er verwickelt war. ʿĀʾischa, die junge Gattin des Propheten, hatte Muhammad auf einem

die Schwester Mārijas,[120] die mir meinen Sohn ʿAbdarrahmān gebar. Die Schwester Mārijas ist die Tante des früh verstorbenen Sohnes des Propheten, Ibrāhīm.»

(236) Unserem Scheich (Gott möge die schöne Literatur durch das lange Leben unseres Freundes zieren!) fallen allerhand Dinge ein, die er Hassān und die anderen fragen möchte; er fürchtet jedoch, daß sie nicht imstande sein würden, seinen Wünschen zu entsprechen. So sieht er davon ab, aus Höflichkeit gegenüber dem Tischgenossen.

Da fragt einer von den Leuten: «Wie verhält es sich eigentlich mit deiner sprichwörtlichen Feigheit, o Abū ʿAbdarrahmān?» Er darauf: «Das hält man *mir* vor, wo doch mein Stamm der tapferste der Araber ist? Sechs von meinen Stammesgenossen wollten mit ihren Schwertern auf die heidnischen Pilger eindringen und schützten den Propheten. Dabei sagten sie ihm zu, daß sie an seiner Seite jeden Widersacher bekämpfen wollten. Darauf beschossen die Stämme Rabīʿa, Mudar und alle Araber unsere Leute mit den Pfeilen der Feindschaft und hegten in ihren Herzen tödlichen Groll gegen sie.

Wenn ich hie und da Vorsicht walten ließ, so geschah (237) das aus Klugheit, wie es im Heiligen Buch heißt:[121]

Feldzug begleitet. Nachdem sie aus ihrer Sänfte ausgestiegen war, um ein Bedürfnis zu verrichten, waren die Träger ohne sie aufgebrochen. Auf dem Rückweg traf sie einen jungen Mann, der ebenfalls den Anschluß an das Heer verloren hatte und sie nach Medina heimgeleitete. Dieses Ereignis gab zu Gerüchten und Verleumdungen ʿĀʾischas Anlaß. Hassān und der erwähnte Mistah gehörten zu den Verleumdern; sie sollen ausgepeitscht worden sein.

[120] Mārija und ihre Schwester Sīrīn waren zwei koptische Sklavinnen, die der byzantinische Statthalter von Ägypten dem Propheten geschenkt hatte. Muhammad nahm Mārija als Konkubine und gab Sīrīn dem Hassān ibn Thābit.

[121] Sure 8, 16. – Übersetzung von F. Rückert, mit einer geringen Änderung. – Die entscheidende Stelle lautet in der wörtlichen Übersetzung von R. Paret: «außer, er wende sich ab zum Kampf oder zum Anschluß an einen anderen Trupp».

Wer dieses Tages kehrt den Rücken,
es sei denn, daß zum Kampf er ausbeug' oder
zu seiner Schar zurück sich ziehe,
der geht mit Zorn von Gott davon
und seine Herberg ist die Hölle,
schlimm ist die Einkehr dort.»

Die fünf Einäugigen vom Stamme Qais

Nun zerstreuen sich die Teilnehmer an jener Versammlung, nachdem sie darin an Zeit das Vielfache eines Erdenlebens verbracht haben. Während unser Scheich die Gärten des Paradieses durchstreift, begegnen ihm fünf Personen auf fünf Kamelinnen. Er ruft aus: «Niemals habe ich Paradiesesbewohner mit schöneren Augen gesehen», und fragt sie: «Wer seid ihr? – möge Gottes Gnade ewig mit euch sein.» Sie antworten ihm: «Wir sind die fünf Einäugigen vom Stamme Qais: Tamīm ibn Muqbil, 'Amr ibn Ahmar al-Bāhilī, asch-Schammāch, (238) 'Ubaid ibn al-Husain an-Numairī, genannt ‹der Kamelhirte›, und Humaid ibn Thaur.»

Unser Scheich spricht zuerst asch-Schammāch[122] an: «Ich wollte dich etwas über deine Ode auf den Reimbuchstaben[123] Zāj und dein Gedicht auf Dschīm fragen. Bitte trag uns beide Gedichte vor – mögest du auch in der Ewigkeit stets freundlich sein!»

Asch-Schammāch entgegnet ihm: «Die ewige Glückseligkeit hat mich diese Gedichte vergessen lassen, und ich erinnere mich an keinen einzigen Vers von ihnen mehr.» Darauf

[122] Asch-Schammāch ibn Dirār: Dichter der frühislamischen Zeit, gest. um 650. Er ist für seine Beschreibungen des Onagers (Wildesels) berühmt. Die hier erwähnte Ode auf den Buchstaben Zāj enthält eine viel bewunderte Beschreibung eines Bogens.

[123] Zur Benennung der Gedichte nach Reimbuchstaben s. Anm. 49.

bemerkt unser Scheich, weil er die Literatur so übermäßig liebt und weil er den hohen Rang asch-Schammāchs herausstellen möchte: «Du bist zu bescheiden gewesen und hast etwas Wichtiges außer acht gelassen, o Gläubiger! Haben dir denn deine beiden Gedichte nicht mehr genützt als deine beiden Töchter? Durch deine Oden wurdest du allerorts genannt, und durch sie wurdest du bei Reisenden und Seßhaften berühmt. Desgleichen hat eine Ode an-Nābigha adh-Dhubjānīs ihm mehr genützt als seine Tochter ʿAqrab; vielleicht hat jene ihm sogar mehr Schande gebracht als Ehre. Sie wurde in der vorislamischen Zeit gefangengenommen, und die Mitgift für sie war nicht hoch. – Wenn du willst, daß ich dir deine beiden Gedichte vortrage, so ist das für mich nicht schwierig.» – «Trag sie mir vor – möge die Gnade Gottes dir reichlich zukommen.» Da trägt unser Scheich ihm vor:

(239) Nichts mehr erinnert im Talgrund von
Qauw an Sulaimā, auch nichts in ʿĀliz, noch
etwas in Dhāt al-Ghadā, noch etwas auf den
hohen Erhebungen.[124]

Unser Scheich findet, daß der Dichter gar nicht gut über seine Ode Bescheid weiß. Er fragt ihn nach einigen Dingen daraus und muß feststellen, daß jener keinerlei Kenntnis darüber hat. Asch-Schammāch sagt: «Die Wonnen der Unsterblichkeit haben mich von der Beachtung dieser mißbilligten Dinge abgebracht. Heißt es doch im Heiligen Buch:[125]

[124] Der altarabische Dichter beschreibt zu Beginn seiner Oden häufig den ‹Trennungsmorgen›, den Aufbruch des Stammes seiner Geliebten, der zur Trennung der Liebenden führt, eine typische Situation des Beduinenlebens, die in der Dichtung zu einem Anfangstopos wird. – Sulaimā ist der Name der Geliebten, die übrigen Namen sind Ortsnamen.

[125] Sure 77, 41–43. – Übersetzung von F. Rückert.

In Schatten und an Quellen sind die Frommen,
bei Früchten, die sie haben gern.
Esset und trinket wohlgemut vom Euern!
So lohnen wir ’s den Treuern.

Ich habe diese Dinge im Diesseits verfaßt und dabei gehofft, daß man mir dafür eine Milchkamelin leihe oder daß ich dafür die Jahresration an Weizen bekäme, die ich für meine Familie benötigte. Jetzt aber stehe ich in der Gnade Gottes. Ich schöpfe aus Strömen von Milch mit großen Bechern aus Gold. Manchmal schöpfe ich Kamelmilch und manchmal Kuhmilch und wenn ich möchte, auch Schafmilch, denn es gibt hier eine Menge von alledem, dazu auch Ziegenmilch. Und wenn ich eine Tränke wünsche, in der Bergziegenmilch ist, dann fließen ganze Ströme davon (240), so groß wie der Tigris oder der Euphrat. Bisweilen sehe ich mich noch in der Welt des Elends die Zitzen der milcharmen Schafe leermelken, von deren Milch man nicht einmal einen kleinen Becher füllen kann.»

***

Nun fragt unser Scheich (möge er seine Beredsamkeit stets für das Gute einsetzen!): «Wo ist denn ʿAmr ibn Ahmar?»[126] Sofort antwortet ʿAmr ihm: «Hier bin ich!» Der Scheich bittet ihn: «Rezitier’ mir dein Gedicht, das wie folgt beginnt:

Die Jugend ist dahin, das Leben[127] hat sich zum Schlechten gewendet, die Gefährten und die Zeiten haben sich geändert.

[126] ʿAmr ibn Ahmar al-Bāhilī: Dichter der frühislamischen Zeit. Er soll hochbetagt während des Kalifates von ʿAbdalmalik (reg. 685–705) gestorben sein. Er verwendete in seinen Gedichten seltene und im Arabischen sonst völlig unbekannte Wörter; deshalb fragt ihn der Scheich im folgenden auch nach einem schwierigen Wort.

[127] Arabisch *al-ʿamr*; das Wort kann außer ‹Leben› auch ‹Zahnfleisch› bedeuten.

Die Leute sind verschiedener Ansicht darüber, wie man das zweite Hauptwort in diesem Vers zu verstehen habe. Einerseits sagt man, du habest damit ‹Leben›, ‹Dasein›, ‹Fortdauer› gemeint; andererseits ist man aber der Ansicht, du habest mit diesem Wort das Fleisch zwischen den Zähnen gemeint.» Darauf antwortet ʿAmr mit einem Sprichwort:

> Nehmt den Weg in Richtung Harschā[128] oder nehmt den Weg zurück: beide Seiten Harschās führen zum Ziel![129]

Die Schrecken der Auferstehung haben bei mir keinen Platz für den Vortrag von Gedichten gelassen. Du kennst doch den Koranvers:

> An dem Tage (241), den ihr schauen werdet,
> wird jede Säugende vergessen ihres Säuglings
> und legen ab wird jede Schwang're ihre Last,
> und schaun wirst du die Menschen dann als Trunkne
> wiewohl sie gar nicht trunken sind;
> doch streng ist Gottes Strafe.[130]

Du hast den Versammlungsplatz[131] gesehen. Es ist ein Wunder, wenn du noch Gedichte auswendig weißt und vortragen kannst!»

Darauf entgegnet unser Scheich:

> *«Ich habe, bevor ich aus jener Welt hierher kam, stets das freie Gebet am Ende des*

[128] Ein Paß bei Mekka.

[129] Das heißt: nach Mekka. – Der Sinn entspricht unserem Sprichwort: «Alle Wege führen nach Rom.»

[130] Sure 22, 2. – Übersetzung nach M. Henning.

[131] Der Platz, wo die Menschen nach der Auferstehung versammelt werden; s. unten S. 113 ff.

Gebetszeremoniells ausschließlich der Bitte gewidmet, Gott möge mich meine literarische Bildung nicht nur im Diesseits, sondern nach meinem Tode auch im Jenseits genießen lassen. Er hat meine Bitte erfüllt; gepriesen sei er!»

«Bisweilen», so fährt der Scheich in seiner Rede fort, «gefällt mir dein Gedicht:

Ich machte mich auf am frühen Morgen; weder
Furcht vor etwas noch Angst hielten mich ab,
in zarter Jugend; ich war wie ein junger, frischer
Zweig im Heiligtum Mekkas.
Mein Ziel war ein Getränk wie der Wein Qails,[132]
den man soeben von seinem Saumtier geladen
hatte (alles, was geschieht, hat nun einmal das
Schicksal voherbestimmt!),
ein Wein, über den Tage gegangen waren und lang
dauernde Nächte, in denen er sich wild gebärdete.
Da gab es auch einen der Erde Nahen, Schwarzen,
ständig Regnenden,[133] der still steht, über dem
ein Schleier heruntergelassen war,
(242) und zwei Zikaden, die im Glanze der Korallen
und kleinen Perlen für die Zecher sangen,
dazu eine Dröhnende,[134] deren ‹Chrysolith› uns nahe
war, mit einer Krümmung gleich dem Rücken
einer Biene,

[132] Dieser Name wird den Gegenstand der ersten Frage des Scheichs zu diesem Gedicht bilden. Der Dichter wird sie ihm beantworten.

[133] Diese Metonymien werden den Gegenstand einer weiteren Frage des Scheichs bilden. – Die Metonymie (in der Form des stellvertretenden Beiwortes; also z. B. ‹eine Grüne› für ‹eine Wiese›) ist eines der wichtigsten Stilmittel der altarabischen Dichtung.

[134] Oder: ‹Eine Ausgezeichnete› – Auch nach dieser Metonymie sowie nach der Bedeutung der Metapher ‹Chrysolith› wird der Scheich fragen.

sowie zwei Wehmut erregende Zimbaln, und
zwischen ihnen eine laut tönende Saite, die wie
das Blasen auf einer Rohrflöte klang. –
Verlaßt den Weg der Tändelei, denn die jugendliche
Sehnsucht hat sich abgewandt, und die frische
Farbe der Jugend ist geschwunden!

(243) Was hast du mit deinen Worten ‹wie der Wein Qails› gemeint? Ist Qail die Einzahl von Aqjāl? Die Aqjāl sind ja die altsüdarabischen Könige von Himjar.[135] Oder hast du den Qail ibn ʿItr vom Stamm der ʿĀditen[136] gemeint?» ʿAmr: «Beide Möglichkeiten sind denkbar.» – Der Scheich (Gott möge ihm seine Wünsche erfüllen!): «Daß eher Qail ibn ʿItr gemeint ist, darauf deuten unter anderem deine Worte hin: ‹zwei Zikaden, die für die Zecher sangen›; denn die beiden Zikaden sind, wie es heißt, zwei Sängerinnen, die in der vorislamischen Zeit in Mekka bei König Muʿāwija ibn Bakr al-Dschurhumī[137] für die Gesandtschaft des Stammes der ʿĀditen gesungen haben. Dadurch wurden die Gesandten davon abgehalten, den Rundlauf um die Kaʿba zu vollführen und Gott, den Hocherhabenen, um Regen zu bitten, wofür sie eigentlich gekommen waren. Schließlich kamen alle ʿĀditen um, während sie in höchster Verwirrung dastanden.

[135] Jemenitische Dynastie, die die Sabäer ablöste; regierte vom 2. bis ins 6. Jahrhundert n. Chr.

[136] Gesandter des sagenhaften Stammes der ʿĀditen nach Mekka. – Der Untergang der ʿĀditen bildet den Gegenstand einer der sog. Straflegenden im Koran, die dann von der Tradition weiter ausgestaltet wurde. – Zu dem Stamm der ʿĀditen war der Prophet Hūd als Warner gesandt worden; er wurde von seinen Stammesgenossen ebenso schlecht behandelt wie später Muhammad von den Mekkanern. Daraufhin wurden die ʿĀditen von einer Dürre heimgesucht, weshalb sie Gesandte nach Mekka schickten, die dort im Heiligtum der Kaʿba um Regen bitten sollten. Schließlich wurden alle ʿĀditen (außer dem Propheten Hūd und seinen Anhängern) in einem heftigen Sturm vernichtet.

[137] Ein Amalekiter; sagenhafter König von Mekka.

Ich habe in einer Handschrift des *Buches der Gesänge*[138] eine Melodie gefunden, von der gesagt wird, die beiden ‹Zikaden› hätten sie gesungen. Darüber war ich sehr erstaunt. Denn wer kann den Sängern im Zeitalter Hārūn ar-Raschīds und in der Zeit danach berichtet haben, daß die beiden ‹Zikaden› dieses Gedicht gesungen haben? Das ist widersinnig und kann nur gelogen sein! Aber was hast du mit deinen Worten ‹ein der Erde Naher, Schwarzer, ständig Regnender› gemeint? Und mit ‹eine Dröhnende, deren Chrysolith nahe ist›?»

ʿAmr ibn Ahmar: «Daß die beiden ‹Zikaden› erwähnt werden, beweist keineswegs, daß ich mit ‹Qail› speziell den Qail ibn ʿItr gemeint habe, selbst wenn er in der Gesandtschaft war, für welche die beiden ‹Zikaden› gesungen haben. Denn die Araber nannten jede Sängerin ‹Zikade›, nachdem eine Sängerin in der ältesten Zeit ‹Zikade› hieß. So sagt der Dichter:

> Die Zikaden singen für uns, während uns Zechern
> ein weiteres Mal Wein eingeschenkt wird,
> welchem Honig beigemischt ist.

Der ‹der Erde Nahe, Schwarze, ständig Regnende› ist ein Kochtopf. Und schließlich: die ‹Dröhnende, deren Chrysolith nahe ist›, ist (245) die Laute; ihr ‹Chrysolith› ist das Schöne an ihr. Indessen hast du sicher schon gehört, daß man auch das Farbige an der Wolke ‹Chrysolith› nennt. So kann man ‹die Dröhnende› auch als ‹donnernde Wolke› verstehen.»

Der Scheich wundert sich über diese Rede. Darauf nennt er dem Dichter einige Dinge aus dessen Dichtung. Er merkt,

[138] Ein großes Werk von Abū l-Faradsch al-Isfahānī (gest. 967), enthält Biographien von Dichtern und Musikern mit zahlreichen poetischen Zitaten.

daß dieser unfähig ist zu antworten; und wenn er spricht, dann weicht er dem Thema aus.

Die Geschichte von Tamīm ibn Ubai

Nun fragt unser Scheich: «Wer von euch ist Tamīm ibn Ubai?»[139] Da antwortet einer von ihnen: «Ich bin es.» – «So gib mir Auskunft über deinen Vers:

> O Wohnstätte Salmās! Da sie so öde ist, bürde ich ihren Besuch nur *al-Mazāna* auf, bis sie der Einhaltung des Brauchs müde ist.[140]

Was hast du mit *al-Mazāna* gemeint? Einige sagen, du habest damit den Namen einer Frau gemeint; andere sind der Ansicht, es sei der Name einer Kamelin, und wieder andere behaupten, es bedeute ‹die Gewohnheit›.» Tamīm antwortet ihm darauf: «Bei Gott, nachdem ich durch das Tor des Paradieses geschritten bin, ist mir nicht ein einziges Wort von der Oden- und Jambendichtung in Erinnerung geblieben, denn ich bin beim Jüngsten Gericht äußerst streng zur Rechenschaft gezogen worden. Es wurde mir nämlich vorgehalten: ‹Du warst unter jenen, die ʿAlī ibn Abī Tālib[141] bekämpft haben.› An-Nadschāschī al-Hārithī, ein Parteigänger ʿAlīs, trat mir entgegen, und ich entkam dem höllischen Feuer erst, nachdem es mich schon versengt und mit Brandflecken gezeichnet hatte. – Offensichtlich ist dir, o Scheich, deine Erinnerung geblieben; es scheint so, als ob du die Schrecken des Jüngsten Gerich-

[139] Dichter der frühislamischen Zeit; gestorben nach 656. – Er hatte mit dem im folgenden erwähnten Dichter Qais ibn ʿAmr an-Nadschāschī eine Auseinandersetzung, bei der er den kürzeren zog.

[140] Zu dem Motiv vgl. Anm. 147.

[141] Über ihn s. Anm. 39 und 115.

tes gar nicht erlebt und den Rufer zur Auferstehung gar nicht rufen gehört hättest: ‹Wo ist Soundso, Sohn des Soundso?›

Da wurden die kühnsten und gewaltigsten Könige von den Strafengeln in die Hölle gezogen. Ihre Frauen, die Kronen getragen hatten, erhielten Zungen aus höllischem Brennstoff; dann wurden sie an ihren Haaren und Körpern ergriffen. Sie schrien: ‹Können wir uns nicht auslösen? Gibt es denn keine Entschuldigung, die wir vorbringen können?› Und die jugendlichen Söhne der Kaiser jaulten in den Ketten der Hölle und sagten: ‹Wir besitzen doch große Schätze (248) und sind die Herren der vergänglichen Welt! Wir haben den Menschen doch gute Werke und Wohltaten erwiesen. Gibt es denn jetzt keinen, der uns auslöst und keinen, der uns hilft?› Darauf rief ein Rufer vom Throne Gottes her:

> Ließen wir nicht so lang euch leben,
> daß sich besänne, wer da sich besänne,
> und euch kam auch der Mahner!
> So schmeckt nun, und den Sündern ist kein Helfer.[142]

Zu euch sind doch immer wieder Gesandte gekommen und haben euch einen Glauben gebracht, der immer wieder bestätigt wurde. Und im Heiligen Buch ist euch gesagt worden:[143]

> Und fürchtet jenen Tag, wo ihr
> zurückgebracht zu Gott seid,
> dann wird gewähret jeder Seele, was sie wirkte,
> sie werden nicht verkürzet.

[142] Sure 35, 37. – Übersetzung von F. Rückert.
[143] ‘Sure 2, 281. – Übersetzung von F. Rückert.

Ihr wart tief in die Freuden des Diesseits eingetaucht; doch wart ihr von den Werken für das Jenseits abgelenkt. Nun ist die Ankündigung Wirklichkeit geworden. Heute gibt es keine Ungerechtigkeit: Gott hat unter den Menschen gerichtet.»

Zwischenspiel

DIE ERZÄHLUNG DES SCHEICHS VON SEINER AUFERSTEHUNG, DEM JÜNGSTEN GERICHT UND SEINEM EINTRITT INS PARADIES

Darauf erwidert der Scheich (möge Gott ihn in aller Vortrefflichkeit reden lassen, wenn sein Herr will, daß er spricht!): Ich erzähle dir nun meine Geschichte. Als ich mich erhob, um aus dem Grab zu steigen, und mich in den Ebenen der Auferstehung einfand, erinnerte ich mich an die Koranverse:[144]

> Die Engel steigen und der Geist zu ihm
> an einem Tag, des Maß ist fünfzigtausend Jahre,
> gedulde dich fein einstweilen.

Die Zeit kam mir lange vor – Durst und Hitze machten mir schwer zu schaffen[145] – (249), wo ich doch ein Mann war, der schnell durstig wurde. Ich dachte nach und sah, daß dieser Zustand für jemanden wie mich nicht länger erträglich war. Nun kam der Wächterengel auf mich zu; bei sich trug er das Buch, in dem meine guten Taten aufgeschrieben waren. Ich bemerkte, daß meine guten Taten so spärlich waren wie saftige Auen in einem trockenen, unfruchtbaren Jahr, doch stand am Ende meiner Taten stets die Reue, wie die Lampe eines Mönchs, die für einen Wanderer aufgestellt wurde.

[144] Sure 70, 4–5. – Übersetzung von F. Rückert.

[145] Später stellt sich noch heraus, daß die Toten «bei der Auferstehung nackt, barfuß und unbeschnitten versammelt werden» (s. unten S. 186).

Das erste Gespräch mit Ridwān, dem Wächter der Paradiesgärten

Als ich etwa einen oder zwei Monate am Auferstehungsplatz geweilt hatte und fürchtete, in meinem Angstschweiß zu ertrinken, gab mir meine lügnerische Triebseele ein, Verse auf Ridwān, den Wächter der Paradiesgärten, zu dichten. Ich verfaßte sie im Versmaß der Ode von Imraʾalqais,[146] die wie folgt beginnt:

> Bleibt stehen, ihr beiden Reisegefährten, und laßt uns weinen, um einer Geliebten zu gedenken und um die Lagerspuren zu erkennen,[147]

und ließ sie auf ‹Ridwānī› reimen. Dann drängte ich mich durch die Menschenmenge, bis ich in der Nähe des Engels stehen blieb, so daß er mich hören und sehen konnte. Aber er kümmerte sich nicht um mich; und ich hatte nicht den Eindruck, daß er meine Worte beachtete.

(250) Darauf wartete ich eine Weile, ungefähr zehn Tage nach der Zeitrechnung der vergänglichen Welt, dann verfaßte ich Verse im Versmaß:

[146] Zu Imraʾalqais, dem größten vorislamischen Dichter, s. Anm. 104.

[147] Das letzte Wort dieses Verses reimt im Arabischen auf *-ānī*. – Wir haben es hier mit einem anderen typischen Gedichtanfang einer altarabischen Ode zu tun (vgl. Anm. 124). Auch diesem Topos liegt eine Situation des Beduinenlebens zugrunde: Der Liebende kommt nach Jahren an den Resten oder Trümmern der Wohnstätte vorbei, in welchen einst seine Geliebte mit ihrem Stamm gelagert hat. Er fordert seine beiden Reisegefährten auf, Halt zu machen und mit ihm der vergangenen glücklichen Zeiten zu gedenken.

Die Vertraute zog fort – ginge es nach mir, so wäre
sie nicht fortgezogen –, und man schnitt die
Gefährten von den Banden der Vereinigung ab,[148]

und ließ diese Verse auf ‹Ridwānā› reimen. Dann näherte ich mich dem Engel und tat, wie ich es das erste Mal getan hatte. Aber es war so, als ob ich den Berg Thabīr[149] bewegen und aus dem Lehm Wohlgeruch gewinnen wollte. Ich versuchte es mit weiteren Versmaßen, in denen man Ridwān reimen lassen kann, bis ich sie alle durch hatte, fand aber bei ihm keine Hilfe. Ich mußte nun annehmen, daß er nicht verstand, was ich sagte. Als ich alles getan hatte, um mein Ziel zu erreichen und keinen Erfolg hatte, rief ich so laut ich konnte: «O Ridwān, der du vom allgewaltigen, hocherhabenen Gott Vollmacht über die Paradiese erhalten hast! Hast du nicht gehört, daß ich dich gerufen und um Hilfe gebeten habe?» Da antwortete Ridwān: «Ich habe sehr wohl gehört, daß du meinen Namen genannt hast, weiß aber nicht, was deine Absicht ist und was du begehrst, du Armer!» Ich erwiderte: «Ich bin ein Mensch, der den Durst nicht länger aushalten kann. Die Zeit bis zum Gericht erscheint mir ewig. *Ich habe ein Schriftstück über meine Reue bei mir; und die Reue löscht ja alle Sünden aus.* Ich habe dich in vielen Gedichten gepriesen und sie mit deinem Namen versehen.» Da fragte Ridwān: «Was sind eigentlich ‹Gedichte›? Ich habe dieses Wort – außer soeben von dir – niemals gehört.» Ich antwortete: «Gedichte, oder Dichtungen, (251) ist Mehrzahl von Gedicht, Dichtung, und Dichtung ist eine metrische Rede, die der menschlichen Natur unter bestimmten Bedingungen gefällt. Wenn die Rede aber zu viel oder zu wenig Silben hat, lehnt das Gefühl sie ab. Die

148 Das letzte Wort dieses Verses reimt im Arabischen auf *-ānā*. – Zu dem in diesem Vers gestalteten Topos s. Anm. 124.

149 Ein Berg bei Mekka.

Bewohner des Diesseits bemühten sich mittels ihrer um die Gunst der Könige und Herren. Ich habe für dich etwas gedichtet und will dir das vortragen; vielleicht erlaubst du mir daraufhin, ins Paradies einzutreten. Die Prüfungen, die die Menschen auf dem Auferstehungsplatz zu ertragen haben, erschienen mir ewig lang. Ich bin doch ein schwacher, kraftloser Mann, und es gibt keinen Zweifel, daß ich zu jenen gehöre, die Vergebung erhoffen dürfen und denen sie zuteil wird durch den Willen Gottes des Erhabenen.» Darauf der Engel: «Du hast völlig falsche Vorstellungen! Hoffst du etwa, daß ich dir etwas erlaube, ohne selbst die Erlaubnis dazu zu haben vom allmächtigen Herrn? Weit gefehlt, weit gefehlt! Heißt es doch im Heiligen Buch:

> Wie aber können sie dazu
> gelangen aus der Ferne?»[150]

Das Gespräch mit Zufar, einem anderen Wächter des Paradieses

Da verließ ich Ridwān und begab mich voller Hoffnung zu einem anderen Wächter namens Zufar. Ich verfaßte ein Gedicht, das ich auf seinen Namen reimen ließ, im Versmaß des folgenden Gedichtes von Labīd:[151]

> Meine beiden Töchter wünschen, daß ihr Vater
> ewig lebe. Aber stamme ich nicht auch von den
> Rabīʿa oder den Mudar ab?[152]

[150] Sure 34, 52. – Übersetzung von F. Rückert. – In der wörtlichen Übersetzung von R. Paret lautet der Vers: «Was soll ihnen der verspätete Versuch, aus der Ferne in greifbare Nähe des Heils zu kommen?»

[151] Zu Labīd s. Anm. 29. – Rabīʿa und Mudar sind die größte und mächtigste Stammesvereinigung im alten Nordarabien. Rabīʿa heißt auch Labīds Vater.

[152] (Ergänze:) die alle gestorben sind. – Das Gedicht reimt auf *-ar*, wie Zufar.

Ich näherte mich ihm und trug ihm das Gedicht vor. Aber es war, als ob ich einen stummen, unbewegten Berg angesprochen und gebeten hätte, daß er eine wilde, weißfüßige Bergziege herabsteigen lasse. Ich ging alle Versmaße durch, gebundene[153] und lose,[154] die den Reim auf Zufar zulassen, und ließ entsprechende Verse darauf ausgehen. Das tat aber keine Wirkung und veränderte nichts. Da sprach ich zu ihm: «Gott erbarme sich deiner! In der vergänglichen Welt bemühten wir uns um die Gunst eines Stammeshäuptlings oder Königs mit zwei oder drei Versen und erreichten damit bei ihm, was wir wollten (252); für dich aber habe ich so viel gedichtet, daß, wenn man alle Verse zusammenstellte, ein ganzer Dīwān entstünde; und doch scheint mir, daß du dein Ohr keinem Wort von mir geliehen hast.» Darauf entgegnete Zufar: «Ich weiß nicht, was du im Sinn hast; auch glaube ich, daß das Zeug, das du mir vorträgst, der Koran Satans, des Empörers, ist und daß das alles bei den Engeln nicht gut ankommen wird. Es stammt vielmehr von den Geistern; sie lehrten es die Kinder Adams. – Was ist also dein Begehr?» Da sagte ich ihm, was ich wollte. Er sprach: «Bei Gott, ich kann dir nicht helfen und vermag für kein Lebewesen Fürbitte einzulegen. Aber aus welcher Gemeinde stammst du?» Ich antwortete ihm: «Aus der Gemeinde Muhammad ibn ʿAbdallāh ibn ʿAbdalmuttalibs.» Er fuhr fort: «Du hast die Wahrheit gesagt. Muhammad ist der Prophet der Araber, und von dorther hast du mir auch die Dichtung mitgebracht; denn Satan, der Verfluchte, hat sie im Land der Araber ausgespien, und dann haben Frauen und Männer sie gelernt. Ich will dir einen guten Rat geben: Wende dich unbedingt an deinen Landsmann, vielleicht erreicht er, was du begehrst.»

[153] Das heißt: auf konsonantischen Reim ausgehende Versmaße.
[154] Das heißt: auf vokalischen Reim ausgehende Versmaße.

Das Gespräch mit Hamza ibn ʿAbdalmuttalib, dem Oheim des Propheten

Zufars Worte brachten mich zur Verzweiflung. Ich mischte mich unter die Menschenmenge, und plötzlich befand ich mich bei einem Mann, auf dem ein glänzendes Licht lag. Um ihn herum waren andere Männer, von denen ebenfalls Lichter ausstrahlten. Ich fragte: «Wer ist dieser Mann?» und erhielt die Antwort: «Dies ist Hamza ibn ʿAbdalmuttalib,[155] der in der Schlacht von Uhud durch Wahschī fiel; und die Männer um ihn herum (253) sind jene Muslime, die in Uhud den Märtyrertod erlitten.» Da sprach ich zu meiner Triebseele: «Bei dem da kommt die Dichtung sicher besser an als beim Wächter der Paradiesgärten; denn er war selbst Dichter, und seine Brüder, sein Vater und sein Großvater waren ebenfalls Dichter. Es hat wohl keinen einzigen zwischen ihm und Maʿadd ibn ʿAdnān[156] gegeben, der nicht irgend etwas gedichtet hat.» Darauf verfaßte ich einige Verse nach dem Muster der Verse Kaʿb ibn Māliks,[157] in denen er Hamza betrauert, und deren erster lautet:

> Safīja, erheb dich und sei nicht schwach; laß die
> Frauen über Hamza weinen!

Ich ging weiter, bis ich Hamza nahe war, dann rief ich ihn an: «O du Herr der Märtyrer und Oheim des Gesandten Gottes (Gott segne ihn)!» Als er mir sein Gesicht zuwandte,

[155] Der Onkel des Propheten. – Die Schlacht beim Berge Uhud bei Medina (624/25) verlief unglücklich für die junge muslimische Gemeinde; jedoch nützten die mekkanischen Gegner den Sieg nicht aus. Wahschī, ein abessinischer Freigelassener, bekehrte sich später zum Islam.

[156] Der Stammvater aller Nordaraber.

[157] Medinensischer Dichter; trat schon vor der Hidschra zum Islam über und wurde einer der bevorzugten Dichter des Propheten. Er starb 670 oder einige Jahre später.

trug ich ihm meine Verse vor. Da rief er: «Wehe dir! Kommst du mir an einem Ort wie diesem mit einem Lobgedicht? Hast du nicht den Koranvers gehört:[158]

Des Tag's hat jeder für sich selbst genug zu tun?»

Ich entgegnete: «Jawohl, ich habe ihn sehr wohl gehört, aber auch die darauf folgenden Verse:[159]

Des Tages werden Angesicht' erstrahlen,
mit Lächeln wird sie Freude malen;
des Tags auch werden Angesicht' erfahlen,
erdfarbig sein vor Qualen;
das sind die Leugner und die Lästrer allzumal.»

(254) Darauf Hamza: «Ich kann dein Begehren nicht erfüllen. Aber ich sende einen Boten mit dir zu meinem Neffen ʿAlī ibn Abī Tālib.[160] Der soll den Propheten (Gott segne ihn und spende ihm Heil!) in deiner Sache ansprechen.» Darauf sandte Hamza einen Mann mit mir. Als der Bote dem Fürst der Gläubigen ʿAlī ibn Abī Tālib meine Geschichte erzählte, sagte dieser: «Wo ist deine Beweisurkunde?» (Damit meinte er das Heft mit meinen guten Taten.)

Die Begegnung mit dem Grammatiker Abū ʿAlī al-Fārisī

Inzwischen hatte ich auf dem Versammlungsplatz unter uns Auferstandenen einen alten Mann erblickt, der im Diesseits Grammatik gelehrt hatte. Er hieß Abū ʿAlī al-Fārisī.[161] Auf

[158] Sure 80, 37. – Übersetzung von F. Rückert, mit einer Änderung.
[159] Sure 80, 38–41. – Übersetzung von F. Rückert.
[160] Siehe Anm. 39.
[161] Bedeutender Grammatiker; einer derjenigen, der die Lehre der Basrier (vgl. Anm. 20) in ein vollendetes System brachte. Er wirkte längere

ihn hatten sich Leute gestürzt, um ihn zur Rechenschaft zu ziehen. Sie riefen: «Du hast uns falsch interpretiert und uns auf diese Weise großes Unrecht getan.» Als al-Fārisī mich sah, zeigte er mit seiner Hand auf mich. Ich ging zu ihm, da war eine ganze Schar von Dichtern bei ihm. Alle tadelten ihn wegen seiner falschen Lesungen und Interpretationen ihrer Verse.

Ich rief: «Ihr Leute, das sind doch Lappalien! Drangsaliert diesen alten Mann nicht; er kann immerhin sein Werk über den Koran mit dem Titel *Buch des Beweises*[162] vorweisen; er hat weder euer Blut vergossen, noch hat er euch etwas gestohlen. So laßt doch von ihm ab!»

Das Gespräch mit dem Kalifen ʿAlī ibn Abī Tālib, dem Vetter des Propheten

(256) Ich war noch damit beschäftigt, mit ihnen zu sprechen und auf ihre Antworten zu warten, da ließ ich versehentlich das Schriftstück fallen, in dem meine Reue aufgezeichnet war. Ich kehrte zurück, um es zu suchen, fand es aber nicht. Ich wurde verwirrt und bekam Angst. Der Fürst der Gläubigen, ʿAlī ibn Abī Tālib, sagte: «Sei unbesorgt! Du hast doch sicher einen Zeugen für deine Reue?»[163] Ich antwortete: «Jawohl, den Kadi von Aleppo und die juristischen Beigeordneten der Stadt.» Darauf fragte der Kalif:

Zeit in Syrien, wo ihn auch der Scheich ʿAlī ibn Mansūr kennenlernte. Er starb 987.

[162] Der vollständige Titel lautet: *Buch des Beweises bezüglich der sieben Lesarten (des Korans).* Der Konsonantentext des Korans kann auf verschiedene Weise gelesen werden; sieben verschiedene Lesarten werden allgemein als gleichberechtigt und kanonisch anerkannt; vgl. Anm. 360.

[163] Schriftliche Dokumente werden von den islamischen Rechtsgelehrten nur dann als gesetzliche Beweismittel anerkannt, wenn (mindestens) zwei

«Wie heißt jener Mann?» Ich antwortete: «ʿAbdalmunʿim ibn ʿAbdalkarīm, Kadi von Aleppo (Gott beschütze es!), zur Zeit Schibladdaulas.»[164] Da bestellte der Kalif einen Ausrufer, der auf dem Platz rief: «O ʿAbdalmunʿim ibn ʿAbdalkarīm, Kadi von Aleppo zur Zeit Schibladdaulas, weißt du etwas über die Reue ʿAlī ibn Mansūrs, des aleppinischen Literaten?» Keiner antwortete ihm. Mich ergriff Bestürzung und Zittern. Der Ausrufer rief ein zweites Mal. Wiederum antwortete ihm keiner. Ich fiel vor Schreck zu Boden. Nun rief der Ausrufer ein drittes Mal. Da endlich antwortete ihm jemand und sprach: «Ja! Hiermit bezeuge ich die Reue des ʿAlī ibn Mansūr – und zwar im letzten Augenblick seines Lebens.[165] Eine Schar von juristischen Beigeordneten war bei mir zugegen, als er bereute. Ich war damals Kadi von Aleppo und seiner Umgebung. Zu Gott nehmen wir unsere Zuflucht.» Dabei stand ich auf, nachdem ich meine letzte Kraft zusammengenommen hatte, und trug ʿAlī, dem Fürsten der Gläubigen (Friede sei mit ihm!), meine Bitte vor. Der aber wandte sich von mir ab und sagte: «Du (257) verlangst Unmögliches. Folge dem Beispiel der anderen Kinder deines Vaters Adam!»

Zeugen vorhanden sind, die die Dokumente bestätigen. ʿAlī muß mithin annehmen, daß der Scheich Zeugen benennen kann.

[164] Schibladdaula Nasr I., aus dem beduinischen Geschlecht der Mirdāsiden, regierte Aleppo von 1029 bis 1038 (also zu der Zeit, als al-Maʿarrī das *Sendschreiben* schrieb). – Der Kadi ʿAbdalmunʿim ist sonst nicht bekannt.

[165] Viele Religionsgelehrte sind der Ansicht, daß die Reue erst kurz vor dem Tode nicht vor dem Höllenfeuer rettet.

Die Ankunft am Teich und das Gespräch mit Fātima, der Tochter des Propheten

Ich schickte mich an, zum Teich[166] zu gehen – beinahe hätte ich es nicht geschafft, hinzugelangen – und nahm daraus einige Schlucke, nach denen man keinen Durst mehr hat. Da waren Ungläubige, die zu der Wasserstelle drängten, aber die Strafengel trieben sie mit feurig brennenden Stöcken fort. Einer von ihnen kehrte mit brennendem Gesicht oder brennender Hand zurück und erhob dabei ein großes Wehgeschrei.

Dann lief ich zur auserwählten Familie.[167] Ich sagte: «Wenn ich in der vergänglichen Welt ein Buch verfaßte und damit fertig war, schrieb ich an dessen Ende: Gott segne unseren Herrn Muhammad, das Siegel der Propheten, und seine ganze Familie, die Edlen und Guten.[168] Das war eine Ehrbezeugung von mir, aber auch ein Mittel, mit dem ich etwas bezweckte.» Sie fragten mich: «Was sollen wir denn mit dir tun?» Ich antwortete: «Unsere Herrin Fātima[169] (Friede sei mit ihr!) ist doch schon vor langer Zeit ins Paradies gekommen.[170] Sie verläßt es immer wieder für eine Zeitspanne von vierundzwanzig Stunden nach irdischer Zeitrechnung und spricht den Friedensgruß über ihren Vater Muhammad, während dieser dasteht, um Gottes Urteil zu bezeugen. Dann kehrt sie an ihren Wohn-

[166] In den eschatologischen Vorstellungen der Muslime spielen dieser Teich, eine Waage und die Höllenbrücke eine große Rolle.

[167] Das ist die Familie des Propheten.

[168] Diesen oder einen ähnlichen Segenswunsch lassen die Schreiber einer Handschrift gewöhnlich ihrer Abschrift des Textes folgen.

[169] Muhammads Tochter und ʿAlīs Ehefrau. Sie spielt im Volksglauben eine große Rolle und ist überhaupt die wichtigste weibliche Figur im Islam. Ihre Söhne sind al-Hasan und al-Husain (vgl. Anm. 173).

[170] Nach islamischem Glauben kommen Heilige und Märtyrer sofort nach ihrem Tode ins Paradies.

sitz in den Paradiesgärten zurück. Wenn sie nun wieder herauskommt, wie es ihre Gewohnheit ist, so bittet sie doch allesamt, sich für meine Sache einzusetzen; vielleicht bittet sie dann für mich bei ihrem Vater.»

(258) Als nun die Zeit kam, wo sie das Paradies verließ und der Ausrufer rief: «Senkt eure Blicke, o ihr Leute auf dem Vorplatz, bis Fāṭima, die Tochter Muhammads (Gott segne ihn und spende ihm Heil!), vorbeigegangen ist!», versammelten sich viele Mitglieder der Sippe Abū Ṭālibs,[171] Männer und Frauen, die niemals Wein getrunken noch je etwas Verwerfliches getan hatten. Sie trafen mit Fāṭima irgendwo auf dem Weg zusammen. Als Fāṭima sie sah, fragte sie: «Was ist mit dieser Schar? Wollt ihr mir etwas sagen?» Sie antworteten: «Uns geht es gut, wir genießen ja jetzt schon die herrlichen Dinge der Paradiesesbewohner. Jedoch sind wir wegen eines geoffenbarten Wortes Gottes vorläufig noch vom Paradies ausgeschlossen, und wir wollen nicht vor der festgesetzten Zeit dorthin eilen. Wir fühlen uns jetzt schon sicher und freuen uns, gemäß Gottes Wort:[172]

> Doch die, für die erging von uns das Schönste,
> die sind von ihr gefernet.
> Sie hören nicht ihr Knistern,
> und sind in dem, was ihre Seelen wünschten, ewig.
> Sie ängstet nicht die größte Furcht,
> und ihnen gehn entgegen
> die Engel: Dies ist euer Tag,
> der euch verheißen war.»

[171] Abū Ṭālib ist der Vater ʿAlīs und Onkel Muhammads.
[172] Sure 21, 101–103. – Übersetzung von F. Rückert.

Unter dieser Schar waren auch ʿAlī, der Sohn al-Husains[173] und seine beiden Söhne Muhammad und Zaid (259) sowie andere Rechtschaffene, Fromme. Bei Fātima (Friede sei mit ihr!) war eine andere Frau, die ebenso edel und erhaben war wie sie. Man hörte die Frage: «Wer ist diese Frau?» Die Antwort war: «Chadīdscha,[174] die Tochter Chuwailids.» Bei ihr waren Jünglinge auf Pferden aus Licht. Man fragte: «Wer sind denn diese da?» Die Antwort war: «ʿAbdallāh, al-Qāsim, at-Taijib, at-Tāhir und Ibrāhīm, die Söhne Muhammads[175] (Gott segne ihn und spende ihm Heil!).»

Jene Leute, die ich darum gebeten hatte, sagten nun zu Fātima: «Dieser da ist einer, der uns nahe steht. Seine Reue ist wahrhaftig, und er gehört ohne Zweifel zu den Paradiesesbewohnern. Er fleht dich (Gott segne dich!) durch uns an, von den Schrecken des Vorplatzes befreit zu werden. Er möchte ins Paradies eingehen und sofort sein Ziel erreichen.» Darauf sprach Fātima zu ihrem Bruder Ibrāhīm (Gott segne ihn!): «Nimm du dich dieses Mannes an.» Ibrāhīm befahl mir: «Häng dich an meinen Steigbügel!» Die Pferde jener Leute zerteilten die Menschenmenge, und die Völker und Stämme wichen vor ihnen zurück. Als die Menge allzu groß wurde, flogen die Pferde durch die Luft; ich hielt mich an den Steigbügeln fest. Schließlich hielten sie bei Muhammad (260) (Gott segne ihn!) an.

[173] Al-Husain, Muhammads Enkel, Sohn ʿAlīs und Fātimas, fiel im Jahre 683 in Karbalāʾ (Irak) im Kampf gegen ein umaijadisches Heer. Die Schiiten gedenken seines Martyriums alljährlich mit Trauerfeierlichkeiten.

[174] Die erste Frau Muhammads und Mutter Fātimas. Sie starb vor ihrem Gatten.

[175] Die Söhne Muhammads starben alle im Kindesalter.

Die Begegnung mit dem Propheten

Der Prophet fragte: «Wer ist dieser Fremdling?» Fātima antwortete ihm: «Für diesen Mann haben sich der und der eingesetzt», und sie nannte eine Anzahl von den reinen Imamen[176] mit Namen. Darauf Muhammad: «Zuerst müssen wir nach seinen Taten sehen», und er fragte nach meinen Taten. Sie fanden sich im allerhöchsten Register,[177] *besiegelt mit dem Siegel der Reue.* Darauf legte Muhammad Fürbitte für mich ein – und mir wurde der Eintritt ins Paradies gewährt.

Als Fātima, die Strahlende (Friede sei mit ihr!), fortging, hängte ich mich wieder an die Steigbügel Ibrāhīms (Gott segne ihn!).

Die Überquerung der Höllenbrücke

Nachdem ich jene Menschenmenge hinter mir gelassen hatte, wurde mir gesagt: «Dies ist die Höllenbrücke; überschreite sie!» Da fand ich sie leer; niemand war in ihrer Nähe. Ich versuchte, sie zu überschreiten, fand aber, daß ich es nicht schaffen würde. Da befahl Fātima, die Strahlende (Gott segne sie!), einer ihrer Dienerinnen: «Du da, hilf ihm, sie zu überschreiten!» Das Mädchen half mir, mein Gleichgewicht zu halten, während ich strauchelte und nach rechts und links zu fallen drohte. Ich sagte: «O Mädchen, wenn du willst, daß ich wohlbehalten hinüber komme, so wende zusammen mit mir jenes Wort des Dichters aus der vergänglichen Welt an:

[176] Die Imame sind ʿAlī und seine genannten (männlichen) Nachkommen.

[177] Das im Himmel aufbewahrte Buch, in welches die Schreiberengel (vgl. Anm. 116) die guten und bösen Taten der Menschen eingeschrieben haben.

Herrin, wenn ich dir so viel Mühe mache, dann
trag mich doch Huckepack!»

(261) Darauf die Dienerin: «Was ist Huckepack?» Ich: «Wenn einer seine Hände auf die Schultern eines anderen legt und dieser des ersteren Hände ergreift und ihn trägt, während der Bauch des ersteren auf dem Rücken des letzteren liegt. Kennst du nicht den Vers al-Dschahdschalūls aus Kafrtāb:[178]

Meine Lage war das Gegenteil von gut,[179] bis
ich begann, Huckepack zu den Menschen zu
gehen.»

Sie antwortete: «Bis zu diesem Augenblick habe ich den Ausdruck ‹Huckepack› noch nie gehört, auch nicht die Namen al-Dschahdschalūl und Kafrtāb.» Darauf lud sie mich auf und überschritt die Brücke so schnell wie der Blitz. Nachdem ich drüber war, sprach Fātima, die Strahlende (Friede sei mit ihr!): «Ich schenke dir dieses Mädchen; nimm sie, damit sie dir in den Paradiesgärten diene.»

Das zweite Gespräch mit Ridwān

Als ich zum Tor des Paradieses kam, fragte mich Ridwān: «Hast du eine Erlaubnis?» Ich antwortete: «Nein.» Darauf er: «Du kannst nur mit einer Erlaubnis hineingelangen.» Da geriet ich in Verlegenheit und wußte nicht, was ich tun sollte. Nun war innen am Paradiesestor ein Weidenbaum. Ich bat Ridwān: «Gib mir ein Blatt von dieser Weide, damit

[178] Ein Dichter mit dem Namen al-Dschahdschalūl ist unbekannt. – Kafrtāb ist eine Ortschaft zwischen al-Maʿarrīs Heimatstadt und Aleppo.

[179] (Wörtlich:) ‹nach hinten gut›.

ich zum Vorplatz zurückkehre und mir darauf eine Erlaubnis schreiben lasse.» Ridwān erwiderte: «Ich gebe (262) nichts aus dem Paradies heraus, es sei denn mit der Erlaubnis des Allerhöchsten (heilig ist er und gepriesen sei er!)»

Verwirrt durch dieses unvorhergesehene Ereignis, rief ich aus: «Wir gehören Gott, und zu ihm kehren wir zurück! Hätte der Emir Abū l-Muradschdschā[180] einen Wächter wie dich gehabt, so hätte weder ich noch ein anderer jemals eine Drachme aus seiner Schatzkammer bekommen!»

Der Eintritt ins Paradies

Da wandte sich Ibrāhīm (Gott segne ihn!) um und sah, daß ich hinter ihm zurückgeblieben war. Er kam zu mir und – zog mich mit einem Ruck ins Paradies.

Mein Aufenthalt auf dem Paradiesvorplatz hatte sechs Monate nach irdischer Zeitrechnung gedauert. Deshalb ist er in meinem Gedächtnis geblieben; weder die ausgestandenen Ängste noch die genaue Abrechnung haben ihn daraus verschwinden lassen.

[180] Diese Persönlichkeit läßt sich in den Quellen nicht nachweisen. Es handelt sich aber ganz offenbar um einen Mäzen des Scheichs ʿAlī ibn Mansūr.

Zweiter Teil

DAS PARADIES (II)

Das Gespräch mit Humaid ibn Thaur

Nun wendet sich unser Scheich ab von seinem Gesprächspartner und geht geradewegs auf Humaid ibn Thaur[181] zu. Er redet ihn an: «Wohlan, o Humaid, du hast in den folgenden Versen Vorzügliches geleistet:

Ich bemerke, daß meine Sehkraft mir Sorgen
macht, nachdem sie doch gesund war; als ob
die schwindende Gesundheit und Unversehrtheit
nicht Krankheit genug wären!
Wenn die beiden Tageszeiten, Tag und Nacht,
etwas wollen, dann wird es nicht lange dauern,
bis sie erreichen, was sie sich vorgenommen
haben!

Wie ist deine Sehkraft heute?» Darauf Humaid: «Ich befinde mich in den westlichen Gegenden des Paradieses. Ich kann einen bestimmten Freund von mir, wenn er sich in den östlichen Gegenden aufhält, erkennen, wenn zwischen mir und ihm eine Entfernung von tausend Sonnenjahren liegt; du kennst ja die Geschwindigkeit der Reise der Sonne in der vergänglichen Welt. Gott ist erhaben, er hat die Macht, alles Wunderbare zu schaffen.»

[181] Dichter der frühislamischen und frühen Umaijadenzeit. Er ist für seine Tierbeschreibungen berühmt.

(264) Unser Scheich fährt fort: «Auch in deiner Ode auf den Reimbuchstaben Dāl[182] hast du Vorzügliches geleistet. Ihre ersten Verse lauten:

> Da ist eine laut Kreischende[183] mit hängenden Brüsten, die ihren Esel verschneidet,[184] wenn einer etwas Gutes bei ihr wünscht, so beißt er auf Steine;
> eine, die den Lebensunterhalt besorgt, deren Gürtel stets festgezurrt ist, die noch einen Rest Jugend besitzt, aber nicht mehr gebären kann,
> Jahre und Jahre sind über sie gegangen, die sie haben mager werden lassen; aber dann ist auch einmal ein Jahr gekommen, das die Menschen wieder erfrischt und ihnen reiche Weidegründe geschenkt hat.»

Darauf Humaid: «Ich habe jeden Reimbuchstaben vergessen. Meine Beschäftigung besteht jetzt darin, mit den vollschenkligen Paradiesesjungfrauen zu scherzen.» Der Scheich: «Kann man denn ein Gedicht wie dieses zurückweisen, in welchem die Verse vorkommen:

> Eine Niedrige, die ausdauernd und stark ist, die aber einen eifrigen Herrn hat, dessen Rat gut ist;
> Wenn er ruft: ‹Ihr Edlen!›, dann kommen freigebige, reichlich Milch spendende Kamelinnen, bei denen kein Treiber läuft.

[182] Zur Benennung der Gedichte nach dem Reimbuchstaben s. Anm. 49. – Humaid schildert in diesem in seiner Art einzigen Gedicht ausführlich die Herstellung von Butter. Er beginnt mit der Beschreibung der Magd, die die Butter macht.

[183] Diese Metonymie (s. Anm. 133) bezeichnet hier eine Magd.

[184] Das heißt, diese Magd ist sich für keine unangenehme und peinliche Arbeit zu schade.

Dann bringt sie etwas, dessen ‹Wasserstelle› widerwärtig ist,[185] einen beschmutzten, über den die Zitzen durch die Hände Flüssigkeit verspritzen.

(265) In diesem Gedicht kommt auch eine Beschreibung der Butter vor:

Als die Nacht sie sichtbar werden ließ und sie leuchtete, während die entferntesten Umrisse noch im Dunkel des Morgens lagen,
warf die Magd ihr Auge auf etwas Gelbes, Festes und Trockenes, um dessentwillen sie die ganze Nacht ausgehalten und auf alles andere verzichtet hatte.»

(267) Darauf Humaid: «Ich beschäftige mich jetzt nicht mehr mit Butter, und auch nicht mehr mit der Jagd auf davonlaufende aschgraue Straußenweibchen – um dessentwillen, was mein Herr, der Gütige, mir gewährt hat. Ich kenne auch keine Furcht und keine Trauer mehr. Unsereiner pflegte ein Jahr – oder doch Monate – lang seine Gedanken anzustrengen[186] für einen anderen, dem Gott Ehre und Geld gegeben hatte; und gar manches Mal kam er mit einem Mißerfolg zurück. Und wenn der Gepriesene ihm etwas gab, so war es eine kleine Gabe. Aber die Dichtung ist nun einmal der Ruhmestitel der Araber.»

[185] Metonymisch für Melkeimer. Seine ‹Wasserstelle› ist das Euter der Kamelin; dieses ist ‹widerwärtig›, weil es verschmutzt ist.

[186] Um ein Lobgedicht zu verfassen.

Das zweite Gespräch mit Labīd ibn Rabī'a

Da kommt ihnen Labīd ibn Rabī'a[187] entgegen. Er lädt sie ein in sein Haus und beschwört sie, mit ihm zu kommen. Sie gehen ein Weilchen, und da sind sie auf einmal bei drei Häusern, so glänzend und schön, wie es im Paradies sonst keine gibt. Labīd fragt unseren Scheich: «Kennst du, o aleppinischer Literat, diese Häuser?» – «Nein, bei dem, zu dessen Ka'ba die Stämme wallfahrten!»– Darauf Labīd: «Es sind drei Verse[188] von mir. Das erste ist mein Vers:

> Die Gottesfurcht ist die beste Beute; mit der Erlaubnis meines Herrn zögere ich und beeile ich mich.

Das zweite ist mein anderer Vers:

> Ich lobe Gott; er hat nicht seinesgleichen. In seinen Händen ist das Gute. Was er will, das tut er.

Und das dritte ist schließlich mein Vers:

> Wen Gott die Wege des Guten leitet, der wird in einer sanften Weise rechtgeleitet, wen er aber in die Irre gehen lassen will, den läßt er in die Irre gehen.

(268) Mein Herr, der Gütige und Wissende, hat diese Verse zu Häusern im Paradies gemacht, die ich auf ewig bewohne und in denen ich die Glückseligkeit des Unsterblichen genieße.» Unser Scheich 'Alī ibn Manṣūr und alle jene Leute staunen, und sie sagen: «Gott besitzt die Macht, alles zu tun, was er will!»

[187] Über ihn Anm. 29.

[188] Im Arabischen bezeichnet man den Vers als ‹Haus› (*bait*); vgl. italienisch *stanza* = ‹Zimmer› und ‹Strophe›.

Das Gastmahl

Unserem Scheich (Gott möge seinen Ruhm fördern!) dünkt es nun gut, in den Paradiesgärten ein Gastmahl abzuhalten. Er möchte dazu möglichst alle Dichter versammeln, jene aus der Zeit zwischen Heidentum und Islam und jene aus islamischer Zeit, zudem alle jene, die der arabischen Sprache eine wissenschaftliche Grundlage gegeben und sie so bearbeitet haben, daß man sie in Büchern aufbewahren kann. Schließlich möchte er auch Leute dabeihaben, die einfach Freude an ein wenig Literatur haben. Es kommt ihm in den Sinn, das Gastmahl so zu gestalten wie die Gastmähler im Diesseits, da es dem hocherhabenen Schöpfer ja möglich ist, den Seligen alle ihre Wünsche mühelos und unverzüglich zu erfüllen. Sogleich errichtet man Mühlen am Paradiesesstrom Kauthar, die klappern, um Weizen aus dem Paradies zu mahlen. Dieser Weizen ist viel besser als der Weizen jenes Hudhailiten,[189] der darüber gedichtet hat:

> Möge mein Werk nicht gedeihen, wenn ich den
> Gast mit den trockenen Schalen der wilden
> Datteln bewirte, während bei mir der Weizen
> gehortet wird!

Er ist um so viel besser, wie die Himmel die Erde übertreffen. Dann stellt er sich vor – und der Allmächtige läßt alsbald (269) seine Vorstellung Wirklichkeit werden –, daß vor ihm großäugige Paradiesesjungfrauen erscheinen, die die Handmühlen betätigen. Eine Mühle ist aus Perlen, eine andere aus Gold, und wieder andere sind besetzt mit Juwelen, derengleichen die Bewohner des Diesseits niemals gesehen haben. Als unser Scheich zu ihnen blickt, lobt er Gott

[189] Siehe Anm. 58.

den Erhabenen für das, was er ihm gewährt hat, und erinnert sich an die Verse des Jambendichters:

> Ich habe für den Gast und die Schutzbefohlenen
> zwei ‹Mägde› bereitgemacht, die miteinander
> abwechseln,
> sie handeln keineswegs liebevoll, obwohl sie doch
> Ammen sind,

womit der Dichter (270) Handmühlen beschreibt.

Unser Scheich lächelt den Mädchen zu und sagt: «Mahlt richtig und verkehrt herum.» Sie fragen ihn: «Was ist ‹richtig herum›? Und was ist ‹verkehrt herum›?» Er antwortet: «Richtig herum ist nach rechts, und verkehrt herum ist nach links. Habt ihr denn nicht die Verse des Dichters gehört:

> Morgens sind wir voll und saftig an Fleisch,
> abends haben wir einen leeren Bauch.
> Wir mahlen mit der Mühle richtig und verkehrt
> herum; und wenn man uns Spindeln gäbe,
> könnten wir auch mit diesen umgehen.

Übrigens sagt man, dieses Gedicht stamme von einem Manne, der gefangen wurde und der seinen Stamm auf diese Weise schriftlich über sein Ergehen unterrichtete.»

Nun stellt sich unser Scheich (möge ihm Gott ein langes Leben in Freuden gewähren!) Mühlen vor, die von Tieren angetrieben werden; und schon erscheinen vor ihm Gott weiß wie viele Häuser, in denen Mühlsteine aus Paradiesesjuwelen sind. Einige von ihnen werden angetrieben von Kamelen, die die Dornbüsche des Paradieses abweiden, und von Kamelinnen, die keine Füllen bei sich haben, und von verschiedenen Arten von Maultieren, Rindern und Wildeseln. Als so viel (271) Mehl beisammen ist, daß unser Scheich meint, es reiche für das Gastmahl aus, zerstreut sich seine

Dienerschaft, die aus lauter unsterblichen Jünglingen besteht. Sie bringen Zicklein, allerlei Arten von eßbaren Vögeln wie Küken, Täubchen, und junge Pfauen, fette Barmherzigkeitshühner und Paradieseshähnchen. Rinder, Schafe und Kamele werden nun zur Schlachtung geführt. Da erhebt sich das Brüllen der Kamele, das Meckern der Ziegen, das Blöken der Schafe und das Schreien der Hähne, weil sie das Schlachtmesser sehen. Jedoch empfinden sie – gottlob! – bei alledem keinen Schmerz; es ist nur ein Ernst wie im Spiel. – Es gibt keinen Gott außer Gott, der seine Geschöpfe ersonnen hat, ohne nachdenken zu müssen, und sie geschaffen hat, ohne ein Vorbild zu haben!

Als die Fleischmassen auf den Brettern ausgebreitet sind, sagt unser Scheich (möge Gott die Ausführung seiner Sache wohl gedeihen lassen!): «Holt nun sämtliche Köche, die irgendwann einmal in Aleppo gelebt haben und jetzt im Paradiese sind!» Da kommt eine große Schar heran. Der Scheich befiehlt ihnen, (272) die Speisen zuzubereiten. Dies ist ein Genuß, den der allgewaltige Gott den Seligen gewährt aufgrund seines Wortes:[190]

Und allda
ist, was begehren ihre Seelen
und wünschen ihre Augen;
und ihr seid hier geewigt.
Dies ist der Garten, der zum Erbe
euch ward, um was ihr tatet.
Darin für euch sind Früchte viel,
davon ihr esset.

Als die Speisen kommen, zerstreuen sich die Jünglinge, die «wie wohlbewahrte Perlen sind»,[191] um die Geladenen her-

[190] Sure 43, 71–73. – Übersetzung von F. Rückert.
[191] Sure 52, 24.

beizuholen. Alle laden sie ein: die Dichter, die islamischen und jene, die zwischen Heidenzeit und islamischer Zeit lebten, die Männer, die in einer der verschiedenen Sparten der Wissenschaften gelehrt sind, und die Liebhaber der Literatur im Paradies. Eine gewaltige Schar Menschen versammelt sich.

Dann werden Tische aus Gold und Schüsseln aus Silber aufgestellt, und die Zecher begeben sich zu Tische. Die Teller werden ihnen gebracht, und die Speisenden behalten sie so lange vor sich, wie sie zugreifen wollen von dem, was auf ihnen liegt.

Als sie so viel gespeist haben, wie sie wünschen, bringen die Schenken verschiedene Arten von Getränken, und die Musikanten spielen ergötzliche Melodien.

Das Gespräch mit den beiden ‹Zikaden›

Unser Scheich sagt (möge er stets nur das Richtige reden!): «Bringt mir nun jene Sänger und Sängerinnen her, denen in der vergänglichen Welt vorherbestimmt war, *daß sie bereuen würden,* und die deshalb jetzt im Paradiese weilen.» Darauf findet sich eine große Schar von Männern und Frauen ein; darunter al-Gharīd, Maʿbad, Ibn (273) Misdschah und Ibn Suraidsch.[192] Schließlich kommen auch Ibrāhīm al-Mausilī[193] und sein Sohn Ishāq.[194] Einer aus der Schar sagt, nach-

[192] Lauter berühmte Sänger der Umaijadenzeit, zu al-Gharīd s. Anm. 80; zu Ibn Suraidsch s. Anm. 85. – Ibn Misdschah (gest. gegen 704), ein Mekkaner schwarzafrikanischer Abstammung, war Gründer der persisch-byzantinischen Schule der Musik.

[193] Hervorragender Sänger, Dichter und Schriftsteller; war persischer Abstammung. Er wirkte unter Hārūn ar-Raschīd und starb 804.

[194] Ishāq b. Ibrāhīm galt als der beste Musiker der frühen ʿAbbāsidenzeit; er vertrat die Schule der klassisch-arabischen Musik. Er starb 850.

dem er gesehen hat, daß viele Sängerinnen gekommen sind, wie Basbas, Danānīr und ʿInān:[195] «Es ist doch erstaunlich, daß die beiden ‹Zikaden›[196] noch in den entferntesten Gegenden des Paradieses weilen.» Als der Scheich (möge an sein Ohr stets nur Erfreuliches dringen!) dies hört, ruft er aus: «Die beiden müssen unbedingt herkommen.» (274) Darauf besteigt einer der Diener eine Paradieseskamelin und reitet zu ihnen – so weit ihr Aufenthaltsort auch entfernt sein mag.

Die ‹Zikaden› kommen auf zwei edlen Pferden herangeritten, die schneller sind als der zuckende Blitz. Als sie bei der Gesellschaft eintreffen, begrüßt der Scheich sie, empfängt sie herzlich und fragt sie: «Wie seid ihr denn ins Haus der Barmherzigkeit gelangt, nachdem ihr so lange im Irrtum[197] befangen wart?» Sie antworten ihm: «Uns wurde vorherbestimmt, *daß wir bereuen würden*; und wir sind im Glauben an die gesandten Propheten[198] gestorben.» Darauf unser Scheich: «Fürwahr, Gott hat euch eine große Gnade erwiesen! So laßt mich doch etwas von der Ode hören, die bisweilen dem ʿAbīd ibn al-Abras[199] und bisweilen dem Aus ibn Hadschar[200] zugeschrieben wird.» Die beiden

[195] Berühmte Sängerinnen der frühen ʿAbbāsidenzeit. Sie waren freigelassene Sklavinnen, die vom Kalifen (oder vom Wesir oder sonst einem Großen) gekauft worden waren, dann eine Ausbildung erhielten und am Hofe wirkten. – ʿInān war auch eine begabte Dichterin; sie war zeitweise Geliebte des Dichters Abū Nuwās (s. Anm. 14), der ihr zahlreiche Liebesgedichte gewidmet hat. – Auch Danānīr ist von Abū Nuwās besungen worden.

[196] Siehe oben S. 108 ff.

[197] Das heißt: im Heidentum; sie lebten ja in der Zeit vor dem Islam.

[198] Gemeint sind die Propheten vor Muhammad.

[199] Über ihn s. Anm. 43.

[200] Dichter der vorislamischen Zeit; er soll kurz vor der Hidschra (622) gestorben sein. Als «Wanderdichter» suchte er auch die Lachmiden in al-Hīra (vgl. Anm. 11) auf. – Die arabischen Philologen schätzen besonders seine Jagdszenen und Beschreibungen von Waffen und männlichen Tugenden. – Der Scheich wird ihn in der Hölle antreffen (s. unten S. 188 ff.).

‹Zikaden› haben weder von ʿAbīd noch von Aus je etwas gehört; aber sie erhalten unverzüglich eine Eingebung, so daß sie das Gewünschte singen können. Sie stimmen an:

> Nimm Abschied von Lamīs, so wie ein Mann
> Abschied nimmt, der zärtlich liebt und doch
> tadelt. Sie hat mir nach Gutem immerfort Böses
> angetan.

(275) Die beiden Sängerinnen ergötzen die Zuhörer und bringen die Herzen in freudige Erregung. Immer wieder preist man Gott den Erhabenen, daß er den reuigen Gläubigen Gnade erwiesen, daß er sie errettet hat vor dem Haus des Unglücks und sie gebracht hat an den Ort der Glückseligkeit.

Da verspürt unser Scheich (möge Gott durch dessen Unsterblichkeit der Schönheit ewige Dauer verleihen!) Sehnsucht, eine Wolke zu sehen; eine Wolke wie jene, die der Dichter dieser Ode[201] in den folgenden Versen beschrieben hat:

> Ich wachte – aber du, mein Gefährte wachtest
> nicht – einer großen Wolke wegen, die kurz
> nach dem Einschlafen heftig blitzte.
> (276) Du hast geschlafen und dich nicht um mich
> gesorgt, mich aber hielt der Blitz die Nacht über
> wach; so wie ein Jude sich durch eine Lampe
> leuchten läßt.

Sogleich läßt Gott (seine Wohltaten sind groß!) eine Wolke entstehen, so schön, wie eine Wolke nur sein kann. Wer sie anschaut, muß bezeugen, daß er nie etwas Schöneres als sie gesehen hat: Geschmückt mit Blitzen in ihrer Mitte und an ihren Seiten, läßt sie Rosenwasser des Paradieses

[201] Also Aus ibn Hadschar.

in Tau- und feinen Regentropfen herabträufeln und verstreut Kampfersteinchen, als ob sie kleine Hagelkörner wären. – Ja, mächtig ist unser Gott, der von Ewigkeit her ist, der die Macht hat, alle Wünsche zu erfüllen und jedes nur vorgestellte Gedankengebilde Wirklichkeit werden zu lassen!

Das Gespräch mit Dschirān al-ʿAud an-Numairī

(277) Darauf wendet sich unser Scheich um, und da steht unversehens der Dichter mit dem Beinamen Dschirān al-ʿAud[202] vor ihm. Der Scheich begrüßt ihn und befiehlt einer Sängerin: «Laß uns folgende Verse dieses Meisters hören:

Die Weiber trugen den Dschirān al-ʿAud fort und legten ihn schließlich auf eine Anhöhe, in deren Umgebung die Geister pfeifen.[203]
Sie schützten vor mir alle Stellen an ihrem Leib, wo sie den Gürtel trugen, nachdem der bunte Kopfschmuck unter dem Schleier schon gefallen war,
und sagten: ‹Genieß noch diese Nacht, wo du von uns fern bist, denn morgen wirst du gesteinigt oder mit dem Schwert durchbohrt!›»

Jene Sängerin trifft genau die richtige Melodie und singt virtuos. Als die Versammelten staunen über ihre Virtuosität

[202] Wörtlich «Lederpeitsche aus der Halsunterseite eines alten Kamelhengstes»; eigentlich ʿĀmir ibn al-Hārith, Dichter der frühislamischen oder Umaijadenzeit. Er soll zwei unausstehliche Frauen geheiratet haben. In einem Gedicht erwähnt er eine Kamellederpeitsche, mit der die Frauen zu züchtigen seien; daher rührt sein Beiname.

[203] Das heißt, in deren Umgebung eine unheimliche Wüste ist.

und ihr Geschick, fragt sie: «Wißt ihr auch, wer ich bin?» Sie antworten: «Nein, beim gepriesenen Gott!» Darauf sie: «Ich bin Umm ʿAmr, über die der Dichter sagt:

(278) Umm ʿAmr enthält uns den Becher vor;
er mußte ja nach rechts umlaufen!
Und dein Freund, dem du den Morgentrunk
vorenthältst, ist doch nicht der Schlechteste
der drei, o Umm ʿAmr!»[204]

Da wundern sich die Versammelten noch mehr und behandeln die Sängerin noch ehrenvoller. Sie fragen sie: «Von wem ist dieses Gedicht? Von ʿAmr ibn ʿAdī al-Lachmī oder von ʿAmr ibn Kulthūm at-Taghlibī?»[205] Sie antwortet: «Ich habe die beiden Zechgenossen des Königs Dschadhīma, Mālik und ʿAqīl,[206] persönlich erlebt; ich habe ihnen den mit Wasser gemischten Wein zum Frühtrunk gereicht. Als die beiden den ʿAmr ibn ʿAdī entdeckten und ich ihm den Becher vorenthielt, da rezitierte er die beiden Verse. Aber vielleicht hat ʿAmr ibn Kulthūm mit ihnen seine Dichtung schmücken und durch sie seine Verse vermehren wollen.»[207]

[204] In der poetischen Übersetzung von F. Rückert lauten die Verse:
Was lenkest du links ab von uns die Schale,
Umm ʿAmru, die rechts kreisen soll beim Mahle?
Der schlechteste von dreien, sollt' ich denken,
Ist nicht der Freund hier, den du nicht willst tränken.

[205] ʿAmr ibn Kulthūm, berühmter vorislamischer Dichter und Verfasser einer *Muʿallaqa* (s. Anm. 87). – ʿAmr ibn ʿAdī ist ein weniger bekannter ebenfalls vorislamischer Dichter aus al-Hīra.

[206] Zu ihnen s. Anm. 22.

[207] Die Verse kommen als Vers 5 und 6 in der *Muʿallaqa* des ʿAmr ibn Kulthūm vor.

Der Tanz der vier Paradiesesjungfrauen

(279) Nun erinnert sich unser Scheich (möge Gott ihn an gute Werke denken lassen!) an gewisse Verse, die dem Chalīl ibn Ahmad[208] zugeschrieben werden – al-Chalīl befindet sich auch in der Schar der Versammelten –, und er kommt auf den Gedanken, daß man auf diese Verse tanzen könne. Alsbald läßt der allmächtige Gott durch die Gnade seiner Weisheit einen Walnußbaum entstehen. Der Baum läßt sogleich Nüsse reifen und wirft eine so große Anzahl davon ab, daß nur Gott der Erhabene allein sie zählen kann. Die Walnüsse brechen auf, und aus jeder Nuß kommen vier Mädchen hervor, die die Betrachter nah und fern mit Bewunderung erfüllen. Sie tanzen auf die dem Chalīl zugeschriebenen Verse, deren Anfang lautet:

> Die Gefährtin ist abgereist;[209] so laß deine Liebeskrankheit fahren oder falle!
> Wenn da nicht vier Mädchen wären, so schön wie Wildantilopenkälbchen,
> Umm ar-Rabāb, Asmā' und al-Baghūm und Bauza',
> dann spräche ich zu dem Mann, der die Frauen in den Sänften fortführt: «Mach's, wie du willst, zieh fort oder laß es!»

Da bebt der ganze Umkreis des Paradieses. Unser Scheich (möge ihm stets gegeben sein, Rechtes zu reden!) fragt al-Chalīl: «Von wem stammen diese Verse?» Al-Chalīl: «Ich weiß es nicht.» Der Scheich: «Im Diesseits haben wir sie

[208] Einer der größten Sprachgelehrten der Araber, auch bedeutender Musiktheoretiker; gehörte dem basrischen Kreis der Sprachgelehrten an. Er entdeckte das System der arabischen Metrik und war der geistige Urheber des ersten arabischen Lexikons. Als Grammatiker war er der Lehrer Sībawaihis (s. Anm. 23). Er starb 777 oder einige Jahre später.

[209] Zu diesem Topos vgl. Anm. 124.

aber von dir überliefert.» Al-Chalīl: «Ich kann mich an nichts davon erinnern; es mag aber sein, daß man sie mir zu Recht zuschreibt.» Der Scheich: «Hast du das tatsächlich vergessen? Du warst doch zu deiner Zeit der Araber mit dem besten Gedächtnis!» Al-Chalīl: (280) «Das Überschreiten der Höllenbrücke befreit das Gedächtnis von allem, was in ihm gespeichert wurde.»

Bier und Pfauenbraten

Da kommt unserem Scheich plötzlich – *Bier* in den Sinn, jenes Getränk, das im trügerischen Diesseits hergestellt wurde. Und schon läßt Gott durch seine Macht Ströme von Bier fließen. Ein Schluck davon wäre, würde er verglichen mit allen Genüssen der vergänglichen Welt – von dem Zeitpunkt an, wo Gott die Himmel und die Erde geschaffen hat, bis hin zu dem Tage, wo die andere Welt die Völker ‹zusammenfaltet› –, köstlicher und feiner. Der Scheich sagt zu sich selbst: «Ich weiß, daß Gott allmächtig ist. Ich wünsche mir jetzt solche Sachen, wie ich sie in der vergänglichen Welt bei Gastmählern oft in den Händen der Diener sah.» Kaum ist diese Rede zu Ende, da versammelt Gott alle Biertrinker im Paradies, Iraker, Syrer und solche aus anderen Ländern. Bei ihnen sind unsterbliche Jünglinge, die Körbe zu den Teilnehmern jenes Gastmahls tragen.

Da läuft ein Paradiesespfau durch die Menschenmengen. Alle, die ihn sehen, sind durch seine Schönheit tief beeindruckt. Aber Abū ʿUbaida[210] bekommt Appetit auf ihn und hätte ihn gern als Braten, in Essig gekocht. Alsbald entsteht ein solcher Braten auf einem Teller aus Gold. Sobald Abū

[210] Über ihn s. Anm. 27.

ʿUbaidas Begehren erfüllt ist, vereinigen sich die Knochen des Pfaus wieder, und er wird wieder ein Pfau, so wie er es anfangs war. Da sagt die ganze Schar: «Erhaben ist er, der die Knochen wiederbelebt, wo sie schon zerfallen sind! Das ist ja, wie es im Heiligen Buch heißt:[211]

> Und auch[212] wie da sprach Abraham:
> Herr, laß mich sehn, wie du belebst die Toten!
> Sprach er: Und glaubst du nicht? Er sprach:
> Ja, aber daß mein Herz beruhigt werde!
> Sprach er: So nimm vier Vögel
> und drücke sie an dich,
> Dann leg auf jeden Berg ein Stück von ihnen,
> dann rufe sie, so kommen sie dir eilend;
> und wiß', Gott ist allmächtig, weise.

(283) Nun kommt da eine Gans vorbei, so groß wie ein Trampeltier. Einige Leute wünschen sie als Braten – und schon erscheint sie zubereitet auf einem Tisch von Smaragd. Nachdem die Leute von ihr genommen haben, so viel sie wollen, kehrt sie mit der Erlaubnis Gottes in ihre frühere geflügelte Gestalt zurück. Darauf wünschen einige der Anwesenden sie als Spießbraten, andere wollen sie mit dem Gewürz Sumach zubereitet haben, und wieder andere hätten sie gern in Milch und Essig und mit noch anderen Gewürzen gekocht – und alsbald wird die Gans so, wie man sie wünscht. Und immer wieder kehrt sie in ihre frühere Gestalt zurück.

[211] Sure 2, 260. – Übersetzung von F. Rückert.
[212] Gemeint ist: Und gedenke auch ...

Das Gespräch mit den beiden Paradiesesjungfrauen

(284) Unser Scheich (möge Gott ihn stets gute Werke tun lassen!) ist nun allein mit zwei großäugigen Paradiesesjungfrauen, die für ihn bestimmt sind. Geblendet von all der Schönheit, die er sieht, sagt er: «Wie traurig bin ich doch über die ewige Verdammnis des Kinditen Imraʾalqais![213] Ich will euch vortragen, was er gedichtet hat:[214]

> (285) So tatest du schon vor ihr mit Umm al-Huwairith und mit ihrer Nachbarin Umm ar-Rabāb in Maʾsal;
> sooft sie sich erhoben, verbreitete sich von ihnen der Wohlgeruch von Moschus wie das Wehen der Ostwindbrise, die den Duft von Gewürznelken bringt;

und

> Sie waren wie zwei Wildkühe von Tabāla, die sich zärtlich ihren Kälbchen zuneigen, oder wie zwei Statuen von Hakr;

[213] Über ihn s. Anm. 104.

[214] Das erste Stück stammt aus einer Liebesepisode in seiner *Muʿallaqa* (s. Anm. 87). Umm al-Huwairith und Umm ar-Rabāb sind Frauennamen; Maʾsal, Tabāla und Hakr (letztere im zweiten Stück) sind Ortsnamen. – Die beiden Stücke lauten in der Übersetzung von F. Rückert:

Einst mit Umm al-Huwairith übtest du gleichen Brauch,
mit ihrer Nachb'rin Umm ar-Rabāb in Maʾsal auch;
Da, wo sie sich erhoben, da wehte Moschusduft,
als ob Gewürzenelken geküßt die Morgenluft;

und

Sie waren wie zwei Lämmer der Herden von Tabale,
als wie zwei Marmorbilder in einem Königssaale.
Wo sie vom Sitz sich hoben, da stäubte Moschusduft,
als habe Kardomumen beweht die Morgenluft.

sooft sie sich erhoben, verbreiteten sich von ihnen
der Wohlgeruch von Moschus und der Duft von
Parfümbüchschen und Aloeholz.

Was sind seine beiden Gefährtinnen verglichen mit euch! Euch gegenüber haben sie keine Würde und erfreuen das Auge nicht! Mit euch nur eine Minute nach irdischer Zeitrechnung zusammenzusein, ist besser als die Reiche der Banū Ākil al-Murār und der Banū Nasr in al-Hīra und der Āl Dschafna, der Könige von Syrien.»[215]

Er wendet sich jeder von ihnen zu, um den Speichel von ihren Lippen zu saugen, und sagt: «Imraʾalqais ist wahrlich ein Armer, Armer. Seine Knochen brennen in der Hölle, und ich zitiere seine Verse:[216]

(286) Es ist, als ob alter Wein und die Flut der
Wolken, der Wohlgeruch des Lavendels und der
verströmende Duft des Aloeholzes
die frische Kühle um ihre Zähne getränkt hätten,
wenn der Vogel am frühen Morgen singt;

und seine anderen Verse:

Sooft ich sie weckte, war ihr Mund wie Moschus,
der über Nacht im Seiher geblieben war,
oder ein unberührter Wein, wie die Farbe von
Gazellenblut, ein lange gelagerter, von den
Gewächsen ʿĀnas oder den Reben Schibāms.»[217]

[215] Von diesen für ihre Macht und ihren Reichtum sprichwörtlichen Dynastien sind die Banū Nasr (Nasriden oder Lachmiden), die Herrscher von al-Hīra (s. Anm. 11), die bekanntesten.

[216] In der Übersetzung F. Rückerts:

Als wäre der Wein, und von Wolken die Flut,
und Hauch der Violen und Aloeglut
gemischt um den frischen, den duftigen Zahn,
zur Stunde, wann ansingt den Morgen der Hahn.

[217] ʿĀna, in Mesopotamien, und Schibām, im Jemen, sind berühmte Weinorte.

Da bricht eine von ihnen in herzliches Lachen aus. Unser Scheich fragt sie: «Weswegen lachst du?» Darauf sie: «Aus Freude über die Güte Gottes, der uns die Glückseligkeit geschenkt hat und groß im Verzeihen war. Weißt du, wer ich bin, o ʿAlī ibn Manṣūr?» Er: «Du bist eine der Paradiesesjungfrauen, die Gott zur Belohnung für die Gottesfürchtigen geschaffen hat und über die er sagt: ‹Als ob sie Hyazinth und Korallen wären.›»[218] – Sie: «Eine solche bin ich geworden, durch die Gnade Gottes, des Erhabenen. Im Diesseits hieß ich Hamdūna und wohnte am Irak-Tor in Aleppo. Mein Vater war Mühlenbesitzer. Mich heiratete ein Mann, (287) der Plunder verkaufte, aber er verstieß mich wegen eines üblen Mundgeruches, den er an mir verabscheute. Ich war überhaupt eine der häßlichsten Frauen Aleppos. Als ich das merkte, entsagte ich der trügerischen Welt. Ich gab mich ganz der Verrichtung gottesdienstlicher Handlungen hin und erwarb meinen Lebensunterhalt durch Spinnen. Das hat mich zu dem gemacht, was du jetzt siehst!»

Nun fragt ihn die andere Paradiesesjungfrau: «Weißt du, wer ich bin, o ʿAlī ibn Manṣūr? Ich bin die schwarze Taufīq, die im ‹Haus der Wissenschaft› in Bagdad zur Zeit des Bibliothekars Abū Manṣūr Muhammad ibn ʿAlī[219] die Stelle einer Dienerin innehatte: Ich holte die Bücher für die Kopisten heraus.» Da ruft unser Scheich aus: «Es gibt keinen Gott außer Gott! Aber du warst doch schwarz und bist jetzt weißer als Kampfer oder die Hülle des Blütenstandes einer Palme!» Sie: «Nimmt dich das wunder? Sagt doch der Dichter über einige Geschöpfe:

[218] Sure 55, 58.

[219] Diesen Mann hatte al-Maʿarrī selbst bei seinem anderthalbjährigen Aufenthalt in Bagdad, wo er mit besonderer Leidenschaft Bibliotheken besuchte, kennen – und schätzen – gelernt. Er hat ihm ein Gedicht gewidmet, das er in seine erste Gedichtsammlung aufgenommen hat.

Wenn von Seinem Licht nur die Menge eines
Senfkörnchens auf all die Schwarzen fiele,
so würden die Schwarzen davon weiß!»

Der Baum der Paradiesesjungfrauen

Da kommt ein Engel vorbei. Unser Scheich spricht ihn an: «O Diener Gottes, belehre mich über die Natur der Paradiesesjungfrauen! Steht nicht im Heiligen Buch:[220]

Neu schufen wir sie neulich,
und machten sie jungfräulich,
gleichalterig, herzerfreulich,
den Genossen der Rechten.»

Der Engel antwortet: «Es gibt zwei Arten von Paradiesesjungfrauen: Die eine Art hat Gott im Paradies erschaffen; sie kennen nur es allein. Die andere Art hat Gott aus (288) dem Diesseits hierher versetzt, weil sie dort gute Taten getan haben.» Erstaunt über das, was er vernommen hat, fragt unser Scheich: «Wo sind aber jene, die niemals in der vergänglichen Welt waren? Und wie unterscheiden sie sich von den anderen?» Der Engel antwortet: «Folge meiner Spur, auf daß du Wunderbares von der Macht Gottes schauest!»

Der Scheich folgt ihm. Da bringt ihn jener in Gärten, deren wahre Natur nur Gott allein kennt. Der Engel spricht: «Nimm eine dieser Früchte und brich sie auf, denn dieser Baum heißt ‹Baum der Paradiesesjungfrauen›.»

Der Scheich nimmt eine Quitte, oder einen Granatapfel oder einen Apfel oder welche Frucht auch immer, und bricht sie auf. Da tritt aus ihr ein großäugiges Mädchen

[220] Sure 56, 35–38. – Übersetzung von F. Rückert.

hervor, ob dessen Schönheit selbst die Jungfrauen der Paradiesgärten geblendet dastehen. Das Mädchen fragt: «Wer bist du, o Diener Gottes?» Er antwortet: «Ich bin der Soundso, Sohn des Soundso.» Sie: «Mir wurde verheißen, dir zu begegnen, schon viertausend Jahre, bevor Gott die Welt erschuf.» Währenddessen wirft sich der Scheich nieder, um Gott, den Allmächtigen zu preisen, und er spricht: «Das ist ja genau so, wie es in der Tradition heißt: ‹Ich habe meinen Dienern etwas bereitet, das kein Auge gesehen und kein Ohr gehört hat, geschweige denn, daß ich sie darüber unterrichtet habe.›»

Während unser Scheich noch in der Niederwerfung am Boden liegt, kommt ihm in den Sinn, daß jenes Mädchen trotz ihrer Schönheit doch etwas zu dünn ist. (289) Kaum hat er seinen Kopf vom Gebet erhoben, da hat sie ein Hinterteil bekommen, das den Sandhügeln von ʿAlidsch gleicht und den Dünen von ad-Dahnāʾ.[221] Erschrocken ob der Macht Gottes, des Gütigen, Wissenden, ruft er aus: «O du, der du der strahlenden Sonne ihren Glanz schenktest und der Bittenden ihre Wünsche erfülltest, der du Dinge vollbrachtest, die unmöglich und furchtbar schienen, und der du die Unwissenden zur Einsicht brachtest: Ich bitte dich, beschränke das Gesäß dieser Paradiesesjungfrau auf eine annehmbare Größe – denn deine Allmacht hat mit ihr die Grenze des Erhofften überschritten!» Da erhielt er zur Antwort. «Du hast die freie Wahl bei der Gestaltung dieses Mädchens.» Darauf ging die Größe ihres Gesäßes auf das gewünschte Maß zurück.

[221] Nach dem orientalischen Schönheitsideal soll das Gesäß einer Frau – bei schlanker Taille – groß und schwer sein; es wird in der arabischen Dichtung, wie jeder Leser von *Tausendundeiner Nacht* weiß, häufig mit Sandsäcken verglichen. Al-Maʿarrī steigert diesen Vergleich hier noch und zieht ihn so ins Lächerliche. – ʿAlidsch und ad-Dahnāʾ sind Orte auf dem Weg nach Mekka.

Die Vergnügungen der Paradiesesjungfrauen

Dritter Teil

ZWISCHEN PARADIES UND HÖLLE

Nun möchte der Scheich auch auf die Höllenbewohner hinabschauen. Er blickt dorthin, wo sie weilen, auf daß sein Dank für die Wohltaten des Herrn groß sei, gemäß Gottes Wort:[222]

Und einer von ihnen wird[223] sprechen:
Siehe, ich hatte[224] einen Gesellen, der da sprach:
Bist du wirklich einer der Glaubenden?
Wenn wir gestorben sind und Staub und Gebein geworden,
sollen wir dann etwa gerichtet werden?
Dann wird er[225] sprechen: Schaut ihr wohl hinab?
Dann wird er hinabschauen
und wird ihn sehen inmitten der Hölle.
Dann wird er sprechen: Bei Gott, fast hättest du mich ins Verderben gestürzt!
Und ohne meines Herrn Gnade
wäre ich unter den Überantworteten.»

[222] Sure 37, 51–57. – Übersetzung von M. Henning, mit geringen Änderungen.
[223] im Paradies.
[224] im Erdenleben.
[225] im Paradies.

Das Paradies der Geister

Er besteigt ein Reittier des Paradieses und reitet los. Da ist er plötzlich in Städten, die anders sind als die Städte (290) des Paradieses und auf denen nicht jenes glänzende Licht liegt. Sie haben vielmehr Höhlen und baumbewachsene Täler. Er fragt einen Engel: «Was ist das hier, o Diener Gottes?» Der Engel antwortet: «Das ist das Paradies der Geister, die an Muhammad (Gott segne ihn und spende ihm Heil!) geglaubt haben. Sie werden in den Suren ‹Die Dünen› und ‹Die Geister› erwähnt.[226] Es gibt eine große Anzahl von ihnen.» Darauf der Scheich: «Zu ihnen will ich einen Abstecher machen, denn bei ihnen werde ich sicher Wunderbares schauen.»

Das Gespräch mit dem Geist Abū Hadrasch

Er biegt zu ihnen ab, und da ist er auf einmal bei einem Alten, der am Eingang einer Höhle sitzt. Unser Scheich grüßt ihn, der Alte erwidert den Gruß höflich und fragt: «Mensch, was hat dich hierher geführt, wo dir doch Besseres gebührt! Unter den Leuten hier ist keiner deinesgleichen!» Der Scheich: «Ich habe gehört, daß ihr gläubige Geister seid. Ich bin hierher gekommen, um bei euch die ‹Kunden von den Geistern› zu erfahren und die ‹Gedichte von den Dämonen› kennenzulernen, die ihr vielleicht besitzt.» Da entgegnet jener Alte: «Da hast du genau den richtigen Gelehrten getroffen, jenen, der sich zum gewöhnlichen Gelehrten verhält wie der Mond zu seinem Hof. So frag nach dem, was du willst!» (291) Der Scheich: «Wie heißt du, o Alter?» – «Ich bin al-Chaitaʿūr, einer von den Banū sch-Schaisabān; wir gehören nicht zu den Nachkom-

[226] Sure 46, 29–32 bzw. Sure 72, 1–16.

men Satans, sondern zu den Geistern, die die Erde schon vor den Nachkommen Adams (Gott segne ihn!) bewohnten.»

Die Dichtung der Geister

Darauf bittet ihn der Scheich: «Belehre mich über die Gedichte der Geister. Der unter dem Namen al-Marzubānī[227] bekannte Gelehrte hat einen beträchtlichen Teil davon gesammelt.» – Der Geist: «Das ist Unsinn, auf den man nichts geben kann. Was wissen denn die Menschen von der Dichtung? Nur soviel wie das liebe Vieh von Astronomie und Erdvermessung. Die Menschen[228] kennen fünfzehn Versmaße, selten überschreiten die Dichter diese Zahl. Wir dagegen haben Tausende von Versmaßen, von denen die Menschen nie gehört haben. Ungezogene kleine Kinder von uns haben sie ihnen eingegeben, dabei haben sie ihnen aber gerade so viel wie einen Splitter von einem Dornenbaum aus dem Wadi Naʿmān[229] eingeblasen. Ich selbst habe schon Jamben- und Oden-Dichtung verfaßt, eine oder zwei Epochen, bevor Gott Adam geschaffen hat. (292) Mir ist zu Ohren gekommen, daß ihr Menschen auf jene Ode des Imraʾalqais versessen seid, die beginnt:[230]

[227] Bedeutender Bagdader Literat und Biograph; gest. 993. Er stellte u. a. Dichterbiographien und Sammlungen von Gedichten zusammen, darunter *Die Gedichte der Frauen* und *Die Nachrichten über die Gedichte der Schiiten*. In seinem Werkverzeichnis findet sich tatsächlich auch ein Buch mit dem Titel *Die Gedichte der Geister*. Das Werk ist aber nicht erhalten.

[228] Gemeint sind natürlich die Araber. – Der große Sprachgelehrte al-Chalīl ibn Ahmad (vgl. Anm. 208) hat als erster diese 15 Versmaße der arabischen Dichtung erkannt und beschrieben.

[229] Wadi im Hidschāz zwischen Mekka und at-Tāʾif; dort wachsen diese Dornenbäume (Arāk).

[230] Zum Dichter s. Anm 104; zu dem in diesem Vers gestalteten Topos Anm. 147. – Es ist der Beginn der berühmten *Muʿallaqa* (vgl. Anm. 87). –

Macht Halt, ihr beiden Gefährten, und laßt uns
weinen – im Gedenken an eine Geliebte und
an eine Wohnstätte (*wa-manzilī*)!

und daß ihr dieses Gedicht die Burschen in den Schulen auswendig lernen laßt. Wenn du willst, kann ich dir tausend Wörter in diesem Versmaß diktieren, die alle auf *-lī* reimen, und dazu tausend auf *-lū,* und tausend auf *-lā,* und tausend auf *-lah,* und tausend auf *-luh,* und tausend auf *-lih.*[231] Die entsprechenden Gedichte stammen von einem unserer Dichter, der als Ungläubiger gestorben ist und der jetzt in den Kreisen der Hölle brennt.»

Darauf unser Scheich (möge Gott ihm zu jeder Zeit Glück schenken!): «O Alter, du hast wahrlich ein gutes Gedächtnis behalten!» – Der Alte: «Wir sind nicht so wie ihr Adamskinder: Uns befällt weder Vergeßlichkeit noch Feuchtigkeit.[232] Denn ihr seid aus geformtem dunklem Lehm, wir aber aus einer Feuerflamme geschaffen.»

Nun wird unser Scheich von seiner Leidenschaft für die Literatur dazu getrieben, jenen Alten zu bitten: «Kannst du mir nicht etwas von jenen Gedichten diktieren?» Darauf der Geist: «Wenn du willst, diktiere ich dir mehr, als ein Reitkamel tragen kann und als alle Blätter auf deiner Welt zu fassen vermögen.»

Unser Scheich (möge sein Streben stets hoch sein!) beabsichtigt, dem Alten nachzuschreiben. Dann sagt er sich

Die Erwähnung von Ortsnamen ist ein in der altarabischen Odendichtung häufig anzutreffender Stilzug; bei Imraʾalqais findet man solche Erwähnungen ganz besonders häufig.

[231] Da der arabische Dichter in der Ode (Qasīde) denselben Reim durch das ganze Gedicht durchzuhalten hat (s. Anm. 49), ist es für einen menschlichen Dichter unmöglich, tausend Wörter auf denselben Reimbuchstaben zu finden und somit eine Ode von tausend Versen zu verfassen.

[232] Ein Begriff aus der spätantiken Säftelehre.

aber: «Ich habe mich im Diesseits damit geplagt, zu schriftstellern, habe aber keinen Nutzen daraus ziehen können. (293) Ich habe mich mit der Schriftstellerei um die Gunst der Großen bemüht, indessen habe ich bei ihnen nur die Milch einer milcharmen Kamelin gemolken und mich mit den Zitzen einer nur zögerlich Milch gebenden Dromedarin abquälen müssen. Ich habe nichts gewonnen, wenn ich die Freuden des Paradieses verlasse und mich daran mache, die Literatur der Geister aufzuschreiben. Ich besitze hinreichend Bildung, zumal da sich bei den Gebildeten im Paradies das Vergessen ausgebreitet hat. Ja, ich gehöre jetzt sogar zu denjenigen von ihnen, die noch am meisten Dichtung rezitieren können und die die größte Gedächtniskraft besitzen.»

Darauf fragt er jenen Alten: «Was ist eigentlich dein Beiname, damit ich dich künftig höflich mit deinem Beinamen anreden kann?»[233] Der Alte antwortet ihm: «Abū Hadrasch. Ich habe Gott weiß wie viele Kinder gezeugt; es sind ganze Stämme. Einige davon sind im angefachten Höllenfeuer, andere in den Paradiesgärten.» – Der Scheich: «Wie kommt es, daß ich dich alt und grauhaarig sehe, während die Paradiesesbewohner doch jung und schön sind?» Der Alte: «Die Menschen werden mit ewiger Jugend beschenkt, wir Geister aber entbehren ihrer, weil uns in der vergänglichen Welt die Verwandlungsfähigkeit gegeben war. So konnte sich unsereiner, wenn er wollte, in eine buntgescheckte Schlange verwandeln, oder auch in einen Sperling oder eine Taube. Dafür ist es uns nun im Jenseits verwehrt, eine andere Gestalt anzunehmen; wir bleiben so, wie wir sind, und können uns nicht verändern. Die Kinder Adams aber werden dadurch entschädigt, daß sie im Paradies eine schöne Gestalt bekommen. So

[233] Vgl. Anm. 48.

pflegte ein Mensch in der vergänglichen Welt zu sagen: ‹*Wir* können uns verstellen, *die Geister* aber können sich verwandeln.›[234]

Abū Hadraschs ‹Heldentaten›

Mir ist von den Kindern Adams Schlimmes widerfahren, aber ihnen von mir desgleichen. Einmal drang ich in das Haus von Leuten ein, um eines ihrer Mädchen mit Epilepsie zu schlagen. Ich nahm die Gestalt einer Feldratte an, da ließen sie die Kater auf mich los. Als mich die Kater bedrängten, verwandelte ich mich in eine gefleckte Giftnatter und kroch in einen abgehauenen Baumstumpf, der dort war. Als die Leute das merkten, hoben sie ihn von mir hoch; und als ich fürchten mußte, daß sie mich töteten, wurde ich zu einem wehenden Wind (294) und hängte mich an die Dachsparren. Sie nahmen jene Holzstücke und Stämme auseinander, sahen aber nichts. Da wunderten sie sich und machten sich Gedanken. Sie sprachen: ‹Hier gibt es keinen Ort, wo er sich verbergen könnte.› Und während sie miteinander berieten, machte ich mich an ihre vollbusige Schöne, die unter einem Moskitonetz war. Als sie mich sah, bekam sie sofort einen epileptischen Anfall. Ihre Familie kam von überall her zusammen und rief Zauberer für sie herbei. Sie holten auch Ärzte und gaben Reichtümer dran. Alle Beschwörungen, die die Zauberer durchführten, waren gegen mich gerichtet; ich aber scherte mich nicht darum. Die Ärzte gaben ihr wiederholt Arzneien zu trinken; ich aber blieb an ihr hängen und ließ nicht ab von ihr. Als der Tod sie ereilte, suchte ich mir eine andere Gefährtin aus. Und so machte ich weiter, *bis Gott mir die*

[234] Wörtlich: «Uns wurde die List gegeben, den Geistern die Verwandlungsfähigkeit.»

Reue schenkte und mich reichlich belohnte. Ich werde immer einer seiner Diener bleiben![235]

Ich preise Ihn, der meine Lasten von mir genommen
und mein Sündenregister zerrissen hat, so daß
meine Verbrechen jetzt vergeben sind!
Ich hatte ein vertrautes Verhältnis mit einem
schönen Mädchen von den Töchtern Cordobas
und zur gleichen Zeit eines mit einem Mädchen
in China, der Tochter des Kaisers.
Unbekümmert besuchte ich jene und diese in einer
einzigen Nacht, bevor ich ins Tageslicht blinzelte.
Und immer, wenn ich an einem Tier oder Menschen
vorbeikam, ließ ich sie verwirrt und erschreckt
zurück.
(295) Die Schwarzen, die Griechen, die Türken,
die Slaven und die Afghanen versetzte ich in
Schrecken, indem ich ihre Frauen beschlief.
Ich ritt den Strauß in der Dunkelheit, aufs
Geratewohl oder auch nicht, und einen Wildstier,
der die Nacht über gefroren hatte.
Ich kam zu den Zechern, um ihnen ein Unglück
anzuhängen, während sie Laute, Oboe und ein
Saiteninstrument spielten;

[235] Das folgende lange Gedicht ist eine Ode – bzw. eine Parodie auf eine Ode –, deren Hauptthema der Selbstruhm ist. Der Ruhm des eigenen Stammes oder der eigenen Person ist eines der wichtigsten Themen der vor- und frühislamischen Dichtung. Der altarabische Held rühmt sich, so wie dies auch der homerische Held tut, damit seine Taten in aller Munde seien und ewig im Gedächtnis der Nachwelt bleiben. Stilistisch ist das häufige Auftreten der Formel «Gar manche...» typisch für solche Gedichte («Gar manchen Feind erschlug ich»; «Gar manche unwegsame Wüste durchritt ich»; «Gar manches Festmahl hielt ich ab» usw.). – Abū Hadraschs Selbstruhm bezieht sich auf lauter Schandtaten und Verbrechen; erst zum Schluß, und ganz abrupt, spricht er von seiner Bekehrung und rühmt sich seiner beispielhaften Reue.

Und verließ sie nicht, bis sie etwas anstellten,
worüber Satan seine Freude hatte.
Voller Trug brachte ich den Notar von seiner
Redlichkeit ab, so daß er treulos handelte und
ein falsches Zeugnis ablegte.
Wie viele Frauen von mittlerem Alter, die aufstanden, um sich um die wäßrige Milch für die Säuglinge zu bekümmern, warf ich ins lodernde Feuer!
Der Mann Noah trieb mich mit Schlägen aus seiner
Arche, bis mein Hüftknochen zerbrochen war.
Während der Sintflut flog ich hoch in der Luft, bis
ich sah, daß das Wasser schwand.
Ich störte Moses, als er sich mit seinen Schafen
und Ziegen, die Lämmer und Zicklein warfen,
in die Einsamkeit begeben hatte.
Ich ließ ihn nicht in Ruhe mit irgendwelchem
Geschwätz und teuflischer Einflüsterung, als
dein Herr, während er ihn ansprach, den Berg
Sinai eben machte.[236]
(296) Bald zeigte ich mich als giftige, listige Schlange,
bald erblickte mich das Auge als Sperling.
Menschen, die vorher nicht schielten noch einäugig
waren, kamen mir zu Gesicht – und alsbald
hatten sie nur noch ein Auge, oder sie schielten.
Doch dann ließ ich mich ermahnen, *und meine
Reue wurde beispielhaft,* nachdem ich mein Leben
lang für meine Bosheit berühmt gewesen war.

[236] Nach der koranischen Erzählung wollte Moses am Sinai Gott schauen. Darauf heißt es (Sure 7, Vers 143; Übersetzung von F. Rückert): «Er (Gott) sprach: Du siehest nimmer mich; – doch schau zum Berg hin! Steht er fest an seinem Ort, – alsdann sollst du mich sehn. Als nun – sich zeigete sein Herr dem Berge, – macht er ihn trümmern – und zu Boden stürzte Moses.» – Offenbar war Abū Hadrasch derjenige, der Moses den frevelhaften Gedanken eingab, Gott schauen zu wollen.

Als schließlich die Welt auseinanderkrachte und gerufen wurde: ‹Isrāfīl,[237] los, warum stößt du noch nicht in die Trompete?›,
da ließ mich Gott ein Weilchen tot sein, dann aber weckte er mich auf und ließ mich auferstehen; und als Seliger bin ich mit dem ewigen Leben beschenkt worden!»

Die Sprache der Geister

Unser Scheich: «Deine Besserung ist wahrlich bewundernswert, o Abū Hadrasch, nachdem du früher so schlimme Dinge angezettelt und so schändliche Taten vollbracht hast. – Aber wie verhält es sich eigentlich mit euren Sprachen? Gibt es unter euch auch Araber, die nicht verstehen, was die Byzantiner sagen, und Byzantiner, die nicht verstehen, was die Araber sagen; genau so, wie wir es bei den Völkern der Menschen vorfinden?» Abū Hadrasch: «Welch ein Irrtum, o seliger Mann! Wir sind gescheite und kluge Leute. Jeder von uns muß sämtliche Sprachen der Menschen beherrschen, wir haben aber obendrein noch eine Sprache, die die Menschen nicht kennen.

Übrigens war ich es, der den Geistern das geoffenbarte Buch angekündigt hat.[238] Ich war eines Nachts mit einer Schar von Gesellen (297) in Richtung Jemen unterwegs. So kamen wir auch an Jathrib[239] vorbei. Es war die Zeit, da die Datteln reiften. Plötzlich hörten wir die Worte:[240]

[237] Isrāfīl ist ein Erzengel. Er hält ständig die Trompete am Mund, um am Jüngsten Tag, sobald Gott den Befehl hierzu gibt, hineinzublasen und dadurch die Toten aufzuerwecken.

[238] Nach Sure 72 («Die Geister») hat Muhammad den Geistern den Koran vorgetragen.

[239] Der späteren Stadt Medina.

[240] Sure 72, 1–2. – Übersetzung von F. Rückert.

Wir hörten
einen Koran wunderbar,
der leitet zur Rechtfertigkeit;
drum glauben wir daran, und nie gesellen
wir unserm Herren einen bei.

Darauf kehrte ich zu meinen Leuten zurück und berichtete ihnen, was ich gehört hatte. Manche von ihnen nahmen den Glauben sofort an. Hierzu wurden sie auch dadurch veranlaßt, daß sie von Sternschnuppen gesteinigt und auf diese Weise vom heimlichen Lauschen bei der göttlichen Ratsversammlung abgehalten wurden.»[241]

Das Steinigen mit Sternschnuppen

Darauf bittet unser Scheich: «O Abū Hadrasch, sag mir doch – du bist ja dessen kundig –, ob die Geister schon in vorislamischer Zeit mit Sternschnuppen gesteinigt wurden? Einige Leute sagen, dies sei erst im Islam geschehen.» Abū Hadrasch: «Welch ein Irrtum! Hast du nicht folgenden Vers des Afwah al-Audī[242] gehört:

Ein Geschoß wie eine geschleuderte *Sternschnuppe*,
das ein Reiter auf euch wirft, in dessen Hand
Feuer für den Krieg ist,

(298) und diesen Vers des Aus ibn Hadschar:[243]

[241] Der Koran deutet die Sternschnuppen als reinigendes Gewitter von Feuerfunken, mit dem die sich zu hoch wagenden Geister vertrieben werden sollen; vgl. Sure 72, 8–9: «Und so: wir streiften an den Himmel, – doch fanden ihn voll Wachen und voll Flammen. – Und so: Wir saßen manchen Sitz dort – zum Horchen, doch wer jetzo horcht, – der findet eine Flamme nach ihm lauern.» (Übersetzung von F. Rückert).

[242] Dichter der vorislamischen Zeit; gest. wohl um 570.

[243] Über ihn s. Anm. 200.

Der Wildstier sauste los wie eine leuchtende *Sternschnuppe*, dabei folgte ihm aufwirbelnder Staub, den du für eine Sehne halten möchtest.[244]

Indessen hat das Steinigen mit Sternschnuppen in der Zeit der Sendung des Propheten zugenommen, denn das Lügen ist heutzutage weitverbreitet unter Menschen und Geistern, und die Wahrheit ist selten. Aber jenen, die die Wahrheit sagen, wird es am Ende wohl ergehen!

Über die Geschichte des Steinigens mit Sternschnuppen habe ich gedichtet:[245]

Mekka war vom Geisterstamm der Banū d-Dardabīs verlassen; von einem Geist war dort kein Mucks mehr zu hören.
Die Götzen der Stadt waren mit Gewalt zerbrochen worden; jedes Götzenbild hatte man mit einer Axt zertrümmert.
Aus den Besten der Banū Hāschim[246] hatte sich ein Strahlender erhoben. Nie vernachlässigte er das Recht des Gefährten;
er hörte die Offenbarung, die ihm von seinem hochheiligen Herrn herabgesandt wurde, wie das Klingen von Schüsseln.
Er peitschte Weintrinker aus und zeigte darin äußerste Strenge; er gab auch das Trinken von Dattelwein nicht frei;

[244] da er so schmal ist.

[245] Das Gedicht, dessen Hauptthema wiederum der Selbstruhm ist (vgl. Anm. 235), weist zahlreiche parodistische Züge auf. Am Anfang fallen die Anspielungen auf das Wohnspurenmotiv (vgl. Anm. 147) auf, mit dem so viele altarabische Oden beginnen: Den verlassenen Wohnstätten des Stammes der Geliebten entspricht hier das von den bösen Geistern verlassene Mekka.

[246] Das ist die Sippe Muhammads; der Strahlende ist Muhammad.

er steinigte den verheirateten Ehebrecher und nahm auch das Gnadengesuch eines Stammeshäuptlings für ihn nicht an.

Gar manche Braut, die des Nachts bewacht wurde von Wächtern, stark wie die Helden der Stämme Dschurhum und Dschadīs,[247]
(299) die ihrem Gatten zugeführt wurde, einem Stammesführer, der wahrlich nicht schwach noch feige war,
um eine solche war ich eifrig besorgt: Ich ließ sie zucken in einem plötzlichen Anfall, noch bevor ihr Gatte sie berührt hatte.
Ich drang ein zu jungen Damen, obwohl sie in ihren Frauengemächern abgeschlossen waren oder zwischen ihren Dienerinnen schritten;
ich ließ von meinem Vorhaben nicht einmal ab durch Zauber, dies auch in Fällen, wo selbst der Löwe von seiner Beute abließ.
Ich zog in finsterer Nacht mit Geisterburschen durch das kahle Flachland
in einer Wüste, deren Wegspuren verwischt sind, wo die Geister pfeifen, einer öden, nur von kühnen Dämonen bewohnten,
weißen, mächtigen, schweren, wie Wolken aussehenden, geehrten, die ein Geflüster von sich geben.
In der Dunkelheit trugen uns geflügelte Pferde, die nicht wie die Pferde der Menschen waren,
und Kamelinnen, schneller als eure Blicke, Geschöpfe zwischen Strauß und Zuchtkamel,

[247] Sagenhafte altarabische Stämme.

die die Strecke von ʿAlwa[248] bis zu den Dörfern um
Taschkend in einer einzigen Nacht durchquerten
in kaum hörbarem Lauf.

(300) Wir kannten damals keine Frömmigkeit,
vielmehr war der Glaube entartet; wir waren
nicht klug.
Ostersonntag und Samstag waren für uns wie
Montag, und Freitag war wie Donnerstag:[249]
Wir waren weder Zoroastrier noch Juden; und
auch keine Christen, die die Kirche aufsuchen;
wir verachteten die Thora und zerrissen sie; wir
zerschlugen die Kreuze wie trockenes Holz.

Wir kämpften gegen Gott in Scharen für Satan, den
Freund der trügerischen, schmutzigen Meinung;
ihm überließen wir die Entscheidung, wenn er
etwas beurteilte, und wir waren zufrieden mit
dem erschlossenen Irrtum.
Jünglinge wie Alte verlockten wir dazu, Börse um
Börse für die käufliche Liebe zu leeren.
Die Geister, die Salomo eingesperrt hatte, spürten
wir auf, um alle diese Bösewichte freizulassen,
nachdem sie in mit Blei versiegelte Flaschen gesperrt
waren, die von ihnen nur gerade noch den letzten
Lebenshauch übrig ließen.[250]

[248] Ort in der Landschaft Nadschd in Arabien.

[249] Das heißt: wir hielten keine Feiertage. Der Ostersonntag ist der höchste Feiertag der orientalischen Christen; der Samstag ist der Feiertag der Juden, der Freitag der der Muslime.

[250] Nach muslimischem Glauben war Salomon Herr über die Geister. Das Motiv, daß er – zum Wohle der Menschheit – böse Geister in Flaschen einsperrte und ins Meer werfen ließ, um sie für immer unschädlich zu machen, ist Lesern der Erzählungen aus *Tausendundeiner Nacht* durch die berühmte Geschichte vom *Fischer und dem Geist* vertraut.

Wir veranlaßten, daß ein Ehegatte seine Schöne aus ihrem Haus jagte – aufgrund einer bloßen Verdächtigung,
indem wir ihm sagten: ‹Nimm unsren aufrichtigen Rat an und begnüge dich nicht mit einer einmaligen Verstoßung!›[251]
Als sie dann eines anderen Weib wurde, kehrte er, von Leidenschaft getrieben, durch ein böses Geschick zu ihr zurück:
Nach ihrer erneuten Heirat hatten wir ihn an ihre schönen Zähne erinnert, die wie in Wein eingesetzte Perlen waren.

Wir täuschten den Priester bei seiner Osterfeier, als er sich schon mit seinem Osterfisch vollgestopft hatte.
Er hatte sich zum zweiten Mal reinen oder mit Wasser gemischten Wein einschenken lassen, da sehnte er sich schon wieder nach neuem Genuß.
(301) Er hatte zwar geschworen: ‹Ich trinke nur soviel, daß ich gerade nicht trunken werde›, aber ‹der neue Zahn folgt auf den Milchzahn›![252]
Wir sprachen zu ihm: ‹Trink ruhig noch einen Becher mehr; das kann dir nicht schaden!
Er wird dich erwärmen bei diesem Wetter, das so kalt ist, daß es sogar das Feuer im Ofen löscht.›
Darauf trank der Priester ununterbrochen davon. Da wurde seine Einsicht schwach, und man mußte ihn zu den Verabscheuten, Schändlichen zählen.

[251] Nach einer einmaligen und zweimaligen Verstoßung kann der Mann die Frau wieder nehmen, nicht aber nach einer dreimaligen Verstoßung.

[252] Das ist ein Sprichwort; es will in diesem Zusammenhang sagen: Ein Becher folgte dem anderen.

Das Ende war, daß sein Mund den erbrochenen
Wein über seine beiden Kissen fließen ließ...

Beim Regieren seines Reiches ließen wir den König
wütend werden über den aufrichtigen, allzu
besorgten Ratgeber.
Der Wüstendämonin schnappte ich ihr Mahl weg,
während sie noch in ihren Händen die Seite
einer mageren Antilope hielt.
Ich fürchtete mich nicht vor den Schrecken des
Festlandes, und ich befuhr das Meer, wenn es
eisig kalt war.

(302) Dann aber wurde ich gläubig. Wem der
Glauben geschenkt wird, der erlangt das
Wichtige, Kostbare!
Ich kämpfte bei Badr für den Glauben; ich schützte
die Muslime bei Uhud; und im Grabenkrieg
setzte ich den Anführer der Ungläubigen in
Schrecken.[253]
Hinter Gabriel und Michael[254] schnitten wir
die Schädel beim Ansturm ab, wie man Gras
abschneidet.
Als die siegenden Engelsheere in der Luft flogen,
und die Verführer am Ende waren und
niedergetreten wurden wie ein Saatfeld,
da hatten sie in den Wirbeln des Kampftumults
aus Staub gelbe safranfarbige Turbane auf den
Köpfen.

[253] Die drei genannten Schlachten – bei Badr, Uhud und Grabenkrieg – sind die wichtigsten Schlachten, die Muhammad gegen die ungläubigen Mekkaner geschlagen hat.

[254] Nach muslimischem Glauben haben die Engel bei den genannten Schlachten zugunsten der Gläubigen eingegriffen.

Ich habe das Gewieher von Gabriels Roß Haizūm
noch jetzt in den Ohren; wie edel ist doch dieser
gesegnete Hengst:
Er folgt nicht der Jagd, er kennt keine Kette, er
läuft sich nicht wund und leidet nicht an
Geschwüren an seinem Huf!

Nach meiner Bekehrung hat mir keine freigeborene
alte Jungfer und kein schönes vollbusiges junges
Mädchen mehr auch nur Spuren einer
beginnenden Liebe geschenkt:
Zainab konnte sich nun meiner Frömmigkeit gewiß
sein, und Lamīs[255] hatte keine Gewalttaten mehr
von mir zu befürchten.

Ich sprach zu den Geistern: ‹Auf, werft euch nieder
vor Gott und gehorcht ihm, wie ein Niedriger
seinem Herrn gehorcht!
(303) Denn eure Welt treibt schon viel zu lange
ein falsches Spiel mit Großmut oder Unglück!
Bilqīs[256] wurde vom Tod hinweggerafft, ihr Reich
ist ihr entschwunden, und man hört nichts mehr
von ihm.
Die Dynastie al-Mundhirs ist nicht mehr in
al-Hīra,[257] jeder Herrscher der Stadt liegt in
der Erde begraben.
Wir haben *nach* euch – das wisset, ihr Geister! –
versucht, die Geheimnisse des Himmels zu

[255] Zainab und Lamīs sind typische Namen von Beduininnen; die Frauen, die die altarabischen Dichter zu Beginn ihrer Oden besingen, heißen häufig so; ein Beispiel s. oben S. 138.

[256] Die biblische Königin von Saba heißt in der muslimischen Überlieferung Bilqīs.

[257] Siehe Anm. 11.

erfahren;[258] in ihm braut sich schlimmes Unglück für euch zusammen,
denn er beschießt mit seinen Lichtern die bösen Geister, bis sie wie erloschene Asche aussehen!»

Da hörte *ein* Stamm von ihnen auf mich – und entrann dadurch der Verdammnis; *ein anderer* aber folgte dem Schmutz.
Ja, der Prediger ist bei mir auf Reue gestoßen; ‹die Stute war sofort vom Hengst gedeckt worden›.»[259]

Da wundert sich unser Scheich (möge er stets in Glückseligkeit und Freude verharren!) über das, was er von jenem Geist gehört hat. Er will aber nicht länger bei ihm bleiben. Also nimmt er Abschied von ihm.

Die Geschichte des Löwen aus dem Wadi al-Qāsira

Er beschleunigt den Gang seines Reittieres, und da sieht er plötzlich einen Löwen vor sich, der dabei ist, eine große Anzahl Tiere von den Rinder- und Kälberherden des Paradieses zu reißen. Hundert oder zweihundert genügen ihm dabei nicht. Unser Scheich sagt zu sich selbst: «Dieser Löwe riß im Diesseits vielleicht ein abgemagertes Schaf und mußte sich dann tagelang mit dessen Fleisch begnügen, ohne noch etwas anderes zu verspeisen.» (305) Da gibt Gott dem Löwen ein zu sprechen – dieser hat nämlich erraten,

[258] Die Geister, die Abū Hadrasch anspricht, haben versucht, der göttlichen Ratsversammlung zu lauschen (vgl. Anm. 241); Abū Hadrasch wird den entsprechenden – erfolgreicheren – Versuch «danach» nun von seinem Platz im Paradies aus unternommen haben.

[259] Ein Sprichwort; es bedeutet: Es hat bei mir sofort geklappt.

was unser Scheich denkt –, und der Löwe spricht: «O Diener Gottes! Hat denn keiner von euch im Paradies jene Schüssel überreicht bekommen, in der Milchreis und Honig mit Rahmbutter ist? Und hat er nicht so lange davon gegessen, wie Himmel und Erde dauern, und dabei genossen, was er zu sich genommen hat, ohne genug davon zu bekommen, da diese Speise ja nicht die vergängliche, irdische ist? In eben dieser Weise reiße ich Gott weiß wie viele Tiere, ohne daß das Beutetier Schmerz von meinen Krallen und Reißzähnen empfindet. Vielmehr fühlt es dabei dieselbe Lust wie ich – durch die Gnade seines gütigen Herrn. – Weißt du eigentlich, wer ich bin, du liebenswürdiger junger Mann? Ich bin der Löwe aus dem Wadi al-Qāsira, das auf dem Weg nach Ägypten liegt! Als ʿUtba ibn Abī Lahab[260] in jene Gegend reiste, nachdem der Prophet (Gott segne ihn und spende ihm Heil!) gesagt hatte: ‹O Gott, laß einen deiner Hunde auf ihn los!›, erhielt ich die Eingebung, im Hinblick auf ihn einige Tage zu hungern. Ich kam, während er inmitten seiner Schar schlief, mischte mich zwischen die Gruppe und begab mich zu ihm hin – und wurde aufgrund dessen, was ich getan hatte, ins Paradies aufgenommen.»

Die Geschichte des Wolfes

(306) Nun kommt unser Scheich an einem Wolf vorbei, der Gazellen jagt. Der Wolf verzehrt eine Herde nach der anderen. Sooft er mit einem Gazellenbock oder -weibchen fertig ist, erhält dieses Tier durch Gottes Allmacht seine frühere

[260] Ein schlimmer Feind Muhammads. Dieser hatte ihm vor seiner prophetischen Sendung seine Tochter Ruqaija zur Frau gegeben. Nach der Sendung bezeugte ʿUtba dem Propheten gegenüber seinen Unglauben und verstieß Ruqaija. Darauf soll Muhammad ihn in der besagten Weise verwünscht haben.

Gestalt zurück. Da weiß der Scheich, daß es sich mit dem Wolf ebenso verhält wie mit dem Löwen, und er fragt ihn: «Was weißt du über dich zu berichten, o Diener Gottes!» Jener erwidert: «Ich bin der Wolf, den al-Aslamī[261] in der Epoche des Propheten (Gott segne ihn und spende ihm Heil!) angesprochen hat.

Ich hatte zehn Tage oder mehr keine Häsin oder Hasen mehr erwischt. Wenn ich es auf ein mutterloses Zicklein abgesehen hatte, hetzte der Hirt die Hunde auf mich. Dann kehrte ich zu meiner Gefährtin mit zerbissenem Fell zurück, und sie sagte: ‹Du hast dich verrechnet! Schon wieder hast du bei deinem Morgengang Pech gehabt!› Gar oft wurde ich mit einem Pfeil beschossen, der in meinen Weichen hängenblieb, und ich mußte die Nacht in dieser Lage verbringen, bis die Wölfin ihn mir herauszog, während ich am Ende meiner Kräfte war. Da traf mich der Segen Muhammads (Gott segne ihn und spende ihm Heil!).»

In der Nähe der Hölle

Das Gespräch mit dem Schmähdichter al-Hutai'a

(307) Unser Scheich ʿAlī ibn Manṣūr (möge Gott ihn auf allen seinen Wegen die Glückseligkeit erkennen lassen!) geht weiter. Da befindet er sich unversehens – im entfern-

[261] Abū ʿUqba Ahbān ibn Aus al-Aslamī; gest. nach 680 in Kufa. Er ist unter dem Übernamen ‹der den Wolf ansprach› bekannt. Hierzu wird folgende Geschichte erzählt: Als al-Aslamī eines Tages seine Schafe hütete, stürzte sich plötzlich ein Wolf auf eines seiner Mutterschafe. Al-Aslamī schrie den Wolf an, worauf dieser sich mit aufgestützten Vorderbeinen vor ihn hockte. Darauf sprach al-Aslamī zu ihm: «Du hinderst mich an dem Lebensunterhalt, den Gott mir zukommen ließ.» – Die ausgleichende Gerechtigkeit sorgt dafür, daß der arme Wolf nun im Paradies genug zu fressen hat.

testen Teil des Paradieses – bei einem Haus, das der Hütte eines Hirtenmädchens gleicht. Darin wohnt ein Mann, der *nicht* vom Licht der Bewohner des Paradieses umgeben ist. Bei der Hütte wächst ein schmächtiger Baum, dessen Früchte nicht gut gedeihen. Unser Scheich sagt zu dem Mann. «O Diener Gottes, du gibst dich aber mit sehr wenig zufrieden.» Darauf der Mann: «Bei Gott, ich bin hierher erst nach einem entsetzlichen Hin und Her gelangt, nach viel Angstschweiß und Leid und auf Fürsprache der Quraisch[262] hin – eine Fürsprache, die ich eigentlich gar nicht gewünscht hatte.» Der Scheich: «Wer bist du denn?» Der andere: «Ich bin al-Hutaiʾa al-ʿAbsī.»[263] – «Wie hast du diese Fürsprache erlangt?»– «Durch Aufrichtigkeit.» – «In welcher Sache?» – «Aufgrund meiner Verse:

Heute wollen meine Lippen nur unziemliche
Reden sprechen; ich weiß nur nicht, zu wem
ich sie sprechen soll.
Ich sehe, daß ich ein Gesicht habe, dessen Züge
Gott entstellt hat; Schmach über das Gesicht,
und Schmach über den, der es hat!»

Darauf fragt ihn der Scheich: «Und wie verhält es sich mit deinem Vers:

[262] Siehe Anm. 34.

[263] Dscharwal ibn Aus, genannt al-Hutaiʾa (‹der Knirps›); bedeutender vor- und frühislamischer Dichter, ein etwas jüngerer Zeitgenosse des Propheten. Er war ein flauer Gläubiger und soll sogar bald nach seiner Bekehrung (630) – vorübergehend – wieder vom Islam abgefallen sein. Seine Schmähgedichte waren sehr gefürchtet; der Kalif ʿUmar hat ihn wegen seiner scharfen Zunge in Medina in Haft gesetzt (s. folgende Anm.). Al-Hutaiʾa war auch ein bekannter Geizhals; zudem war er äußerst häßlich. Er vereinigte also eine ganze Menge schlechter Eigenschaften in sich. Über sein großes poetisches Talent sind sich die Kritiker aber einig.

Wer Gutes tut, der wird auch dafür belohnt;
Wohltätigkeit geht weder bei Gott noch bei den Menschen verloren.

(308) Wurde dir nicht wegen dieses Verses vergeben?» Al-Hutaiʾa: «Gute Menschen haben schon vor mir diesen Gedanken ausgedrückt; und ich habe den Vers zwar gedichtet, mich aber nicht in meinen Taten danach gerichtet. Deshalb wurde mir der Lohn dafür versagt.» – «Und wie verhält es sich mit az-Zibriqān ibn Badr?»[264] – «Er ist ein großer Stammeshäuptling in der diesseitigen und der jenseitigen Welt. Ihm haben meine Schmähgedichte nur *geholfen*; während andere von meinen Lobgedichten nur Schaden gehabt haben.»

Das Gespräch mit der Dichterin al-Chansāʾ

Darauf verläßt unser Scheich diesen Dichter und geht seines Weges. Da ist er unversehens bei einer Frau im entferntesten Teil des Paradieses, in der Nähe jenes Ortes, von wo man in die Hölle schauen kann. Sie sagt: «Ich bin al-Chansāʾ[265] vom Stamme der Sulaim. Ich wollte meinen

[264] Vor- und frühislamischer Dichter und großer Stammesführer. Nach seiner Bekehrung zum Islam wurde er als Steuereinnehmer bei seinem Stamm, den Tamīm, eingesetzt. Er hatte eine längere Auseinandersetzung in Streitgedichten mit al-Hutaiʾa. Eine Beschwerde az-Zibriqāns beim Kalifen ʿUmar über den Gegner führte dazu, daß al-Hutaiʾa eingesperrt wurde.

[265] Die größte arabische Dichterin der vor- und frühislamischen Zeit (geb. zwischen 580 und 590, gest. nach 644). Sie soll sich mit einer Delegation ihres Stammes zum Propheten begeben und den Islam angenommen haben. – Al-Chansāʾ ist hochberühmt für ihre Trauerdichtung, insbesondere für die Totenklagen auf ihre Brüder Sachr und Muʿāwija. Der Tod dieser beiden fällt noch in die vorislamische Zeit; Muʿāwija kam im Anschluß an einen Streit ums Leben und Sachr bei der Rache für seinen Bruder.

Bruder Sachr sehen. Ich blickte hin, da sah ich ihn wie einen hohen Berg, dabei loderte Feuer auf seinem Kopf. Er sprach zu mir: ‹Was du von mir gesagt hast, war richtig!› Dabei meinte er meinen Vers:

An Sachr nehmen sich die Führer ein Beispiel!
Er ist wie eine Anhöhe,[266] auf deren Gipfel ein Feuer[267] lodert.»

[266] Das hier mit ‹Anhöhe› übersetzte arabische Wort *ʿalam* kann sowohl ‹Anhöhe›, ‹Berg›, ‹Wegzeichen› wie ‹überragender Mann› bedeuten. In eben dieser Weise kann das Wort für ‹Gipfel› auch ‹Kopf› bedeuten.

[267] Ein Feuer zur Wegleitung für die in der Nacht Reisenden. – Al-Chansāʾ wollte durch dieses Bild natürlich die Qualitäten ihres Bruders als Stammesführer veranschaulichen. Nun befindet sich Sachr, als Heide und Mörder, in der Hölle. Seine Strafe besteht darin, daß dort das auf ihn bezogene Bild im Vers seiner Schwester wörtlich genommen worden ist: Auf seinem Kopf lodert jetzt ein Feuer.

Vierter Teil

DIE HÖLLE

Das Gespräch mit Satan

(309) Nun schaut unser Scheich hinunter und erblickt Satan (Gott verfluche ihn!). Er schwankt in Fesseln und Ketten hin und her; aber die eisernen Marterinstrumente in den Händen der Strafengel halten ihn dabei fest.[268]

Der Scheich ruft aus: «Gelobt sei Gott, der jetzt alle Macht von dir genommen hat, o du Feind Gottes und seiner Freunde! Du hast von den Kindern Adams ganze Scharen zugrunde gerichtet; ihre Zahl kennt nur Gott allein.» Darauf Satan: «Wer ist dieser Mann?» Der Scheich: «Ich bin Soundso, Sohn des Soundso, aus Aleppo. Mein Beruf war die Literatur, mit der ich mich um die Gunst der Könige bemühte.»

Satan: «Welch schlechter Beruf! Er bringt gerade soviel, daß man selbst davon leben kann, aber schon die Familie kann man durch ihn nicht ausreichend unterhalten. Außerdem ist er ein schlüpfriges Gelände, wo der Fuß leicht ausgleitet; wie viele deinesgleichen hat er schon zugrunde gerichtet! Wohl dir, daß du dich retten konntest, du hast es wahrlich verdient! – Aber ich habe ein Anliegen an dich; wenn du es ausführst, bin ich dir auf ewig für deine Gefälligkeit verbunden.»

[268] Satan fällt nach dem Jüngsten Gericht der ewigen Verdammnis anheim. Deshalb wird er in der Hölle von Strafengeln gemartert.

Der Scheich: «Ich kann dir nicht behilflich sein, denn über die Bewohner des Höllenfeuers ist folgender Koranvers ergangen:[269]

> Da rufen die Genossen
> des Feuers den Genossen zu des Gartens:
> Laßt uns zufließen von dem Wasser oder dem,
> womit euch Gott versorgt hat!
> Sie sprechen: Beides hat Gott untersagt den
> Leugnern.»

Satan: «Ich bitte dich um nichts dergleichen. Ich bitte dich vielmehr um eine Auskunft, die du mir geben sollst. – Der Wein ist euch doch im Diesseits verboten, im Jenseits hingegen erlaubt. Machen nun die Bewohner des Paradieses mit den unsterblichen Jünglingen dasselbe wie die Leute der Dörfer Lots?»

Der Scheich: «Fluch über dich! Macht dir der Ort, wo du weilst, nicht genug zu schaffen? Hast du nicht Gottes Wort[270] gehört:

> Sie werden dort reine *Gattinnen* haben;
> und ewig werden sie dort verweilen.»

(310) Satan: «Aber im Paradies gibt es doch außer Wein noch viele andere Getränke ...[271] – Was ist eigentlich aus Baschschār ibn Burd[272] geworden? Ich verdanke ihm etwas,

[269] Sure 7, 50. – Übersetzung von F. Rückert, mit geringen Änderungen.

[270] Sure 2, 25.

[271] ...und so könnte es, abgesehen von den ‹reinen Gattinnen›, für schwule Selige doch auch schöne Jünglinge geben!

[272] Abū Muʿādh Baschschār ibn Burd, bedeutender Dichter der früh-ʿabbāsidischen ‹Moderne›. Er war persischer Abstammung und blind. Berühmt sind insbesondere seine Gedichte auf seine Geliebte ʿAbda, die oft als ‹höfisch› bezeichnet werden. Er starb 783, nachdem der Kalif al-Mahdī ihn hatte auspeitschen lassen. Schon zu seinen Lebzeiten wurde seine Rechtgläubigkeit in Zweifel gezogen; er soll Neigungen zum Manichäertum gehabt haben.

das ich keinem anderen Adamssprößling verdanke: Er hat mir den Vorrang vor Adam zugesprochen, was kein Dichter außer ihm je getan hat. Er ist es, der die Verse gedichtet hat:

Satan ist vorzüglicher als euer Vater Adam; dies
erkennt klar, ihr Bösewichte!
Das Feuer ist Satans Element, Adam hingegen ist
aus Lehm; und der Lehm ist nicht so erhaben
wie das Feuer!

Baschschār hat die Wahrheit gesagt, aber wer die Wahrheit sagt, der wird sich immer verhaßt machen!»

Das Gespräch mit Baschschār ibn Burd

Kaum hat Satan seine Rede beendet, da schließt ein Mann die Augen in den vielfachen Qualen, die er zu erleiden hat, um nicht die Züchtigungen sehen zu müssen, die auf ihn zukommen. Indessen öffnen die Strafengel ihm wieder die Augen mit Haken aus Feuer. Das ist Baschschār ibn Burd, dem nach seiner angeborenen Blindheit zwei Augen gegeben wurden, damit er die Bestrafung sehe, die auf ihn herabkommt.

Unser Scheich (Gott möge seinen Rang erhöhen!) spricht zu ihm: «O Abū Muʿādh, du hast vorzüglich gedichtet, aber du warst verwerflich in deinem Glauben. In der vergänglichen Welt kamen mir bisweilen einige Verse von dir in den Sinn, dann erflehte ich Gottes Gnade auf dich, da ich annahm, *daß du noch bereuen würdest*. Ich meine zum Beispiel die folgenden Verse:

(311) Kehr zurück zu einem Freund, um das
Leben mit ihm zu verbringen; vorüber sei die
Zeit, da du allein warst!

Du hoffst auf morgen, aber der morgige Tag ist
wie eine Schwangere im Stamm: man weiß nicht,
was sie gebären wird.

und den Vers:

Den Freien schilt man, der Sklave bekommt den
Stock,
und dem Aufdringlichen begegnet man am besten
mit Zurückweisung.

Aber jetzt bist du in einer hoffnungslosen Lage. (313) Übrigens hast du in einem Reim dieses Gedichts eine falsche Mehrzahlform gebraucht, nämlich ...»

Da ruft Baschschār aus: «O du da, laß mich in Ruhe mit solchen Nichtigkeiten, denn ich habe hier wahrlich andere Sorgen, als dir Rede und Antwort zu stehen!»

Das Gespräch mit Imraʾalqais

Unser Scheich fragt nun nach Imraʾalqais ibn Hudschr.[273] Da erhält er zur Antwort: «Sieh, da ist er. Er kann dich auch hören.» Der Scheich spricht ihn an: «O Abū Hind, die Bagdader Überlieferer rezitieren in deiner berühmten Ode[274] ‹Macht Halt, ihr beiden Gefährten, und laßt uns weinen› folgende Verse mit zusätzlichem ‹und› am Anfang:[275]

[273] Über ihn s. Anm. 104.

[274] Siehe Anm. 87.

[275] In der Versübersetzung von F. Rückert lauten die drei Verse:

Mudschaimirs Felsenzacken, umworren vom Gesträuch
Des Gießbachs, sahn dem Rocken an einer Kunkel gleich.
Da jubelten die Finken des Morgens in dem Hain
Als hätten sie den Frühtrunk getan in Würzewein.
Doch dort lag hingeschwemmet ertrunkenes Gewild,
Wie ausgerißne Knollen des Lauches im Gefild.

> *Und* es ist, als ob die Spitzen des Gipfels von al-Mudschaimir am frühen Morgen durch den Sturzbach und die angeschwemmten Blätter der Rocken einer Spindel wären;

(314) und ebenso:

> *Und* es ist, als ob die Finken im Talgrund am frühen Morgen vom Ausbruch eines gewürzten Weines getrunken hätten;

und schließlich:

> *Und* es ist, als ob das Wild, das dort am Abend ertrunken in den Weiten liegt, herausgerissene Knollen von Meerzwiebeln wäre.»

Imraʾalqais: «Gott möge jene Bagdader Gelehrten beseitigen! Sie haben wahrlich die Überlieferung verdorben. Wenn sie die Verse in dieser Weise lesen, was für ein Unterschied bleibt dann noch zwischen Poesie und Prosa? So etwas kann nur einer tun, der kein Gespür für Dichtung hat und nichts von Metrik versteht. Und dann meinen die Späteren noch, es gebe eine entsprechende Regel in der Dichtung,[276] aber weit gefehlt, weit gefehlt!»

(317) Nun bittet der Scheich (möge der erhabene Gott das Verrichten guter Werke in ihm fest verankern!) den Dichter: «Gib mir jetzt Auskunft über deinen Vers:[277]

[276] Gemeint ist: eine (angebliche) Regel, daß man eine solche Kürze zu Beginn des Verses hinzufügen darf.

[277] In der Versübersetzung von F. Rückert:

Erlebt ich doch von ihnen vergnügte Tage g'nug;
Voraus bei Dārat Dschuldschul, was dort der Tag mir trug.

Dārāt Dschuldschul ist ein Ort. – Zu dem Vers s. unten S. 213 f.

Gar manchen schönen Tag verlebtest du mit ihnen,
vor allem (*wa-lā sijjamā*) aber einen Tag in
Dārat Dschuldschul.

Das Wort, das ‹vor allem›, ‹insbesondere› bedeutet, wird bisweilen mit verdoppeltem *j* (*wa-lā sijjamā*) und bisweilen mit langem *ī* (*wa-lā-sīmā*) gesprochen; die Verdoppelung ist hochsprachlich, jedoch unterlassen sie einige Leute. – (318) Man sagt, al-Farazdaq[278] sei einmal betrunken bei einem Rudel zusammengescharter Hunde vorbeigekommen und habe die Hunde gegrüßt. Als er keine Erwiderung auf seinen Gruß vernahm, habe er rezitiert:

Die Stammesältesten, an denen ich bei der
Poststation vorüberging, erwiderten meinen
Gruß nicht,
insbesondere (*wa-lā sīmā*)[279] jener, der beim Sitzen
in ein wolliges, rotes Gewand gehüllt war.»

Imraʾalqais: «Die Form mit verdoppeltem *j* ist schöner und gebräuchlicher.»

Der Scheich: «Jawohl! – Aber gib mir jetzt Auskunft über jenes Gürtelgedicht,[280] das dir zugeschrieben wird. Ist es

[278] Zusammen mit Dscharīr und al-Achtal (vgl. Anm. 320) einer der drei großen Dichter der Umaijadenzeit. Er besang u.a. die Kalifen al-Walīd (reg. 705–715) und Sulaimān (reg. 715–717). Gefürchtet waren seine Schmähgedichte. Zwischen ihm und seinem Kollegen Dscharīr gingen Schmähgedichte (wohlgemerkt: von hohem künstlerischen Niveau!) hin und her, so daß ganze Serien solcher Gedichte, sog. Streitgedichte (*naqāʾid*), entstanden. – Er starb um 730.

[279] Al-Farazdaq verwendet hier also die Form ohne Verdoppelung.

[280] Das Gürtelgedicht (*musammat*) ist eine bestimmte strophische Gedichtform. Das vorliegende *musammat* hat folgende Reimfolge: *-dschū, -dschū, -dschū, -dschū*, –lū; *-luhum, -luhum, -luhum, -luhum*, -lū; *-ā, -ā, -ā, -ā*, -lū. Jede Strophe besteht also aus fünf Zeilen und wird durch denselben wiederkehrenden Reim, den Gürtelreim (-lū), abgeschlossen. – Strophenge-

wirklich von dir?» Und er trägt ihm jenes Strophengedicht[281] vor, das einige Leute von Imraʾalqais überliefern:

Machet Halt, ihr Gefährten!
Dann bleiben Kamelinnen mit euch stehen,
(319) windesschnelle, nächtens reisende,
eilig laufende,

mit denen man große Reisen macht.

Da machten all unsre Gefährten Halt,
während Kummer sie befiel,
und die Weißgelben[282] sie trugen,
doch nicht erheiterten.

Die Reittiere, die einzeln laufenden, scharten sich nun zusammen.

O mein Stamm! Wenn die Liebe
einen jungen Mann trifft,
mitten ins Herz, und dann in ihm emporsteigt
und seine Kräfte schwächt,

dann ist der Mann tief gefallen!

Darauf Imraʾalqais: «Nein, bei Gott! Das habe ich nie gehört. Es ist ein Stil, den ich nie gepflegt habe. Der Lügen

dichte sind im Arabischen sehr viel seltener als Gedichte mit durchgehend gleichbleibendem Reim (vgl. Anm. 49 und 231) und treten später auf als jene. Deshalb kommt der vorislamische Imraʾalqais als Verfasser dieses *musammat* auch nach heutiger Auffassung nicht in Frage. – Hingegen haben spanisch-arabische und spanisch-hebräische Dichter solche und ähnliche Strophengedichte häufiger verwendet. Die Tatsache, daß die provenzalischen Trobadors genau diesen Typ von Strophengedicht ebenfalls pflegen, ist eine Stütze der sog. ‹arabischen Theorie›, die die provenzalische Lyrik – zumindest teilweise – auf arabische Ursprünge zurückführen will.

[281] Bei dem Topos, der in diesem Gedichtstück (sowie auch in dem folgenden Vers von Imraʾalqais) gestaltet wird, handelt es sich um das ‹Wohnspurenmotiv› (vgl. hierzu Anm. 147).

[282] Das heißt: die Kamelinnen.

gibt es wahrlich viele! Ich schätze, daß dieses Gedicht von einem Dichter der islamischen Epoche stammt; er hat mir Unrecht zugefügt und Böses angetan. Kann man *mir* so etwas zuschreiben, wo ich doch jene Ode gedichtet habe, die beginnt:

> Guten Morgen, laß es dir wohl ergehen,
> o verfallene, verlassene Wohnstätte; aber wird
> es einem Manne im späten Lebensalter noch
> wohl ergehen?

und jene andere Ode:

> Zieht mit mir, ihr beiden Gefährten, bei Umm
> Dschundub vorbei, damit ich die Wünsche
> meines gequälten Herzens erfülle![283]

(320) Die Jambendichtung[284] gehört zu den schwächsten Dichtungsarten; und das Versmaß jenes Gürtelgedichts gehört zu den schwächsten Jambenarten.»

Unser Scheich (möge Gott sein Herz mit Freuden füllen!) wundert sich über das, was er von Imraʾalqais hört.

[283] Die beiden Verse lauten in der Versübersetzung F. Rückerts:

Heil dir zum Morgengruße, verfallner Trümmerbau!
Doch wo ist Heil für einen, der ward vom Alter grau?

Begleitet mich, ihr Freunde, zu Ummu Dschundub hin,
damit ich heiter werde, denn traurig ist mein Sinn?

[284] Der Radschaz, hier (einigermaßen adäquat) als ‹Jambendichtung› übersetzt, ist die einfachste, am wenigsten angesehene Dichtungsart (vgl. unten S. 215ff., mit Anm. 369). – Die Gürtelgedichte sind im Versmaß Radschaz abgefaßt.

Das Gespräch mit ʿAntara

Dann erblickt er ʿAntara vom Stamme der ʿAbs[285] im höllischen Feuer. ʿAntara ist völlig verwirrt. Der Scheich fragt ihn: «Was ist dir, o Genosse der ʿAbs? Es ist ja, als ob du folgende Verse[286] nicht gedichtet hättest:

Auch trank ich, nachdem die Mittagsstille
eingetreten war, alten Wein aus einem blanken, gezeichneten Gefäß,
einem gelben, gestreiften Glas – ich hielt es in der
Linken –, dem Nachbarn eines schimmernden Kruges mit einem Seihtuch.

Wenn ich an deinen Vers denke:[287]

Haben die Dichter noch etwas zu flicken übrig
gelassen?

dann sage ich: Dieser Vers wurde gedichtet, als das Register der Dichtung noch wenig enthielt und man alles im Gedächtnis bewahren konnte. Jetzt aber gibt es mehr Eidechsen als Jäger, und Zehntausende haben Wissen anstelle von Unwissen. Wenn du gehört hättest, was alles nach der Sendung des Propheten (Gott segne ihn und spende ihm Heil!) gedichtet wurde, dann hättest du dich selbst getadelt wegen dieses deines Verses, (324) und du hättest erkannt,

[285] Vorislamischer Dichter und Held; Sohn eines Arabers und einer schwarzen Sklavin. Verfasser einer *Muʿallaqa* (s. Anm. 87). Wegen seiner Abstammung gehörte er nach altarabischer Sitte dem Sklavenstand an, erwarb aber durch seine Tapferkeit im Kampf die Freilassung. Er starb zu Beginn des 7. Jahrhunderts. – Um seine Person hat sich der berühmteste Heldenroman der arabischen Literatur gerankt, ein Werk von riesigen Ausmaßen. Der *ʿAntar-Roman* wurde früher von Rhapsoden vorgetragen; heute liefert er den Stoff für Kinofilme.

[286] Sie stammen aus der *Muʿallaqa.*

[287] Dies ist der erste Vers der *Muʿallaqa.*

daß es sich so verhält, wie Habīb ibn Aus Abū Tammām[288] gedichtet hat:

> Wenn die Dichtung erschöpft werden könnte, dann
> wäre sie bereits erschöpft worden durch das,
> was *dein* Sammelbecken von ihr aufnahm in den
> vergangenen Zeiten.[289]
> Aber die Dichtung ist die Regenwolke des
> Verstandes: wenn Wolken von ihr verschwinden,
> dann folgen auf diese neue Wolken.»

ʿAntara: «Wer ist dieser euer Habīb?» – Der Scheich: «Ein Dichter, der in der islamischen Zeit aufgetreten ist»; und er trägt ihm etwas vor von dessen Dichtung. – ʿAntara: «Die Wurzel ist hier zwar arabisch, doch stammt das, was daraus hervorgewachsen ist, von einem Dummkopf. Diese Redeweise entspricht nicht dem, was die Stämme der Araber kennen.»

Darauf erwidert unser Scheich, lachend und in Freude: «Ja, das Metaphorische wird dem Dichter der neuen Zeit vorgeworfen; zwar kommt die übertragene Ausdrucks-

[288] Bedeutender Dichter der ʿAbbāsidenzeit, auch Sammler altarabischer Gedichte. (F. Rückert hat seine *Hamāsa,* eine nach Themen geordnete Anthologie altarabischer Gedichte, vollständig ins Deutsche übertragen.) Abū Tammām stammte aus einer christlichen Familie, bekehrte sich aber in seiner Jugend zum Islam. Er verfaßte Lobgedichte auf den Kalifen al-Muʿtasim (reg. 833–842), auf Persönlichkeiten am Hof, auf Generäle und Statthalter. Er war auch ein bedeutender Liebesdichter. Schon bei den einheimischen arabischen Literaturkritikern war sein rhetorisierter Stil, vor allem seine exzessive Verwendung von Wortspielen, weit hergeholten Metaphern und schwierigen Gedanken, umstritten. Er starb wahrscheinlich 845.

[289] Gemeint ist wohl: Wenn man die dichterischen Gedanken (im allgemeinen; oder speziell in der Lobdichtung) erschöpfen könnte, dann wären sie schon früher erschöpft worden durch den vielen Lobpreis, den der Gepriesene auf sich gezogen hat. Aber die dichterischen Gedanken sind unerschöpflich.

weise auch in vielen Gedichten der Alten vor, jedoch tritt sie dort nicht so gehäuft auf wie in der Dichtung Abū Tammāms.

O ʿAntara, mich bekümmert, daß einer wie du in die Hölle gekommen ist! Es ist, als ob mein Ohr noch den Sängerinnen in al-Fusṭāṭ[290] lauschte, während sie (325) deine Verse trällerten:[291]

Sind die fließenden Tränen des Auges wirklich
von Sumaija? O, hätte ich um ihr Mitleid schon
früher gewußt!
Sie warf sich auf mich, als der Stock auf mich fiel;
es ist, als ob sie ein Gazellenjunges im Hause
wäre, eines mit schmachtendem Blick.
Der Sklave hier ist euer Sklave, und mein Eigentum
ist euer Eigentum, o mein Vater; aber wird deine
Pein,[292] o Sumaija, heute von mir gewendet?»

Das Gespräch mit ʿAlqama

Der Scheich erblickt jetzt ʿAlqama ibn ʿAbada.[293] Er sagt: «Wie schmerzlich ist für mich, daß du dich an diesem Ort aufhältst! Was helfen dir jetzt deine beiden ‹Perlenkettenschnüre›, das heißt deine Oden auf die Reimbuchstaben Bāʾ

[290] Siehe Anm. 98.

[291] Dieses Gedicht soll ʿAntara gesprochen haben, als er noch im Sklavenstand war. Die Frau seines Vaters, Sumaija, soll diesen gegen ihn aufgehetzt haben. Der Vater, so heißt es, habe ihn deshalb geschlagen. Darauf habe die Frau Mitleid mit ihrem Stiefsohn bekommen, sich zu seinem Schutz auf ihn geworfen und über seine Verletzungen geweint.

[292] Der Vers wird so erklärt, daß die Pein der Frau sich auf den Sklavenstand bezieht, dem ʿAntara noch angehörte. Erst später soll sein Vater ihn in seine Genealogie aufgenommen haben.

[293] Über ihn s. Anm. 4.

und Mīm?[294] – (328) Wenn aufrichtige Verse, in denen Gott (gepriesen sei er!) nicht genannt wird, Fürsprache für jemanden einlegen könnten, dann würden dies deine Verse mit der Beschreibung der Frauen für dich tun; ich meine die folgenden Verse aus deinem Gedicht auf Bāʾ:

Wenn ihr mich nach den Frauen fragt, so bin ich
ein Mann, der tiefe Kenntnisse hat von den
Krankheiten, die sie bringen, ein wahrer Arzt!
Wenn das Haupt des Mannes ergraut oder sein
Vermögen gering wird, und sie ihn deshalb nicht
mehr lieben,
dann sehen sie sich danach um, wo sie reiches
Vermögen finden, und schwärmen von der Blüte
der männlichen Jugend!»

Das Gespräch mit ʿAmr ibn Kulthūm

«Aber wüßte ich doch, was ʿAmr ibn Kulthūm[295] macht!» Darauf wird unserem Scheich gesagt: «Da ist er, unter dir. Wenn du dich mit ihm unterhalten willst, so tu es!»

Der Scheich fragt: «Wie geht es dir, o du, der du den *Frühtrunk* genommen hast aus der Schale der jungen Frau[296] und jetzt den *Abendtrunk* nimmst – aus (330) der vergänglichen Welt? – Ich hätte mir gewünscht, daß du in

[294] Siehe Anm. 49.
[295] Über ihn s. Anm. 205.
[296] Dies ist eine Anspielung auf Verse aus seiner berühmtesten Ode, der *Muʿallaqa* (s. Anm. 87). Sie lauten, in der Übersetzung F. Rückerts:

Wach auf in deiner Hall' und laß uns tun
Den Morgentrunk in Wein von Andarūn,
der schillert als sei Krokus drein gesprenget,
wenn man mit Wasser reichlich ihn gemenget.

dieser Ode bei der Beschreibung des Kettenhemdes nicht jenen störenden Reimfehler gemacht hättest:

Ihr Ringeln gleicht den Wellen, die sich krausen
Im Teiche, wenn die Winde drüber säuseln.»[297]

'Amr: «Du bist selig und spürst nicht die Qualen, die wir erleiden. So beschäftige du dich mit dem Lobpreis Gottes und laß ab von dem, was vergangen ist, denn es wird nicht zurückkehren. – Was den Reimfehler anlangt, den du erwähnst, so ist doch unter drei oder vier Brüdern oft einer, der hinkt, oder einer, der einäugig ist, und trotzdem werden die Brüder deshalb nicht getadelt. Wie aber, wenn es sich um eine Zahl in der Größe von Hundert handelt?»[298]

Der Scheich: «Es tut mir leid, daß du jetzt nichts als heißes Wasser zu trinken bekommst und für deine tadelnswerten Taten bestraft wirst, nachdem man einst für dich Wein kaufte, der sich dir in der Farbe von Krokus darbot.»

Al-Hārith ibn Hilliza

(332) Nun erblickt er al-Hārith ibn Hilliza al-Jaschkurī.[299] Er sagt zu ihm: «Du hast Vorzügliches geleistet in deinem Vers:

[297] Übersetzung von F. Rückert, mit einer Änderung. – Wörtlicher übersetzt, lauten die Verse:
Kettenhemden, deren Oberflächen den Oberflächen von Lachen gleichen, die die Winde beim Einherfahren aufrühren.

[298] So viele Verse mit gleichen Reimen hat nämlich die Ode 'Amrs.

[299] Vorislamischer Dichter; Verfasser einer *Mu'allaqa* (s. Anm. 87). Von seinem Leben ist nicht viel bekannt. Seine *Mu'allaqa,* deren Hauptthema der Lobpreis seines Stammes ist (vgl. Anm. 235), soll er vor dem Lachmidenherrscher 'Amr ibn Hind (reg. ca. 554–570) in al-Hīra (s. Anm. 11) improvisiert haben.

> Jag nicht die Kamelinnen mit dem Rest ihrer
> Milch davon, du weißt ja nicht, wer ihnen bei
> der Geburt ihrer Füllen hilft.[300]

In der vorislamischen Zeit pflegte man die Kamelin des Toten an sein Grab zu binden.[301] Man glaubte nämlich, der Tote (334) werde nach seiner Auferstehung die für ihn zum Leben auferweckte Kamelin vorfinden und sie dann besteigen. O möge dieser Auferstandene mit seiner Schwere nicht ihre Schulter zerbrechen! Aber – in Wirklichkeit kommt es ja ganz anders:

Sie werden bei der Auferstehung nackt, barfuß und unbeschnitten versammelt! –

Eben jene angebundene Todeskamelin wird in deinem Vers erwähnt:

> Es[302] ist meine Lust an den heißen Mittagen zur
> Zeit, da jeder sorgenvolle Mann *ein blindes
> Todeskamel* ist.»

[300] Der Sinn dieses schwierigen Verses soll nach den Kommentatoren sein: Jag deine Kamelinnen nicht mit dem nicht ausgemolkenen Rest ihrer Milch davon, in dem Wunsch, daß sie bald wieder werfen; melke sie vielmehr für deine Gäste!

[301] ... und sie dort verhungern zu lassen.

[302] Gemeint ist das Reittier.

Das Gespräch mit Tarafa

Nun wendet sich der Scheich zu Tarafa ibn al-ʿAbd[303] und spricht ihn an: «O Sohn meines Bruders, o Tarafa! Möge Gott deine Pein lindern! Erinnerst du dich an deine Verse:[304]

> Der Edle trinkt sich satt, solange er lebt; wenn
> wir dann einmal tot sind, wirst du gewiß
> erfahren, welcher von uns der Durstige ist![305]

und:

> Ich sehe, daß das Grab eines stets seufzenden,
> mit seiner Habe geizenden Knausers dem Grabe
> eines im Heldenmut sein Gut vergeudenden
> Verschwenders gleicht;[306]

und:

> So oft du zu mir kommst, reiche ich dir als
> Morgentrunk einen durstlöschenden Becher
> Weines; und wenn du genug davon hast,
> so sei zufrieden und mehre nur stets deine
> Zufriedenheit!

[303] Einer der Dichter der *Muʿallaqāt* (vgl. Anm. 87). Er verkehrte zur Zeit des Lachmidenherrschers ʿAmr ibn Hind (s. Anm. 299) an dessen Hof. Er soll sich mit dem Herrscher überworfen und schließlich, erst 26 Jahre alt, durch ihn mittels eines Uriasbriefes zu Tode gekommen sein. Seine *Muʿallaqa* enthält die längste und berühmteste Schilderung einer Reitkamelin.

[304] Dieser und die drei nachfolgenden Verse stammen aus Tarafas *Muʿallaqa*.

[305] Der Vers lautet in der Übersetzung F. Rückerts:

Ich tränke meine Seele bei ihres Lebens Frist;
Sieh zu, wann wir gestorben, wer von uns durstig ist!

[306] In der Übersetzung F. Rückerts:

Ich seh das Grab des Knausers, der kargt mit seinem Gut,
Ganz gleich dem Grab des Schwelgers, der's wohlgemut vertut.

Wie ist dein Morgen- und Abendtrunk jetzt? Ich denke, daß sie heißes Wasser sind, und wer sie trinkt, ist auf ewig zu tadeln. – Über dein Schicksal hat man viel geredet. Es gibt Leute, die behaupten, du seiest während der Herrschaft an-Nuʿmān ibn Mundhirs[307] in Haft genommen worden. Andere sagen: Nein, der ihm das angetan hat, war ʿAmr ibn Hind.[308]

Wenn du keine Spur in der diesseitigen Welt hinterlassen hättest außer deiner Ode auf den Reimbuchstaben Dāl,[309] so hättest du wahrlich eine schöne Spur hinterlassen!»

Darauf erwidert ihm Tarafa: «Ich wünschte, ich hätte keinen einzigen Halbvers gedichtet und in der (339) vergänglichen Welt niemals reiches Weideland gefunden! Ich wünschte, ich wäre statt dessen mit dem gemeinen Volk und dem Gesindel ins Paradies gekommen! Wie erlange ich jetzt Ruhe und Frieden, Zustände, in denen ich mich ein wenig erholen kann? – Aber im Heiligen Buch steht geschrieben:[310]

> Doch die vom rechten Weg abweichen,
> sind Brennholz für die Hölle.»

Das Gespräch mit Aus ibn Hadschar

Unser Scheich wendet seinen Kopf und schaut, und siehe, da ist Aus ibn Hadschar.[311] Er spricht zu ihm: «O Aus, deine Gefährten beantworten meine Fragen nicht. Wirst du mir eine Antwort geben? Ich möchte dich nämlich nach folgendem Vers fragen:

[307] Über ihn s. Anm. 68.
[308] Siehe Anm. 299.
[309] Das ist die *Muʿallaqa*.
[310] Sure 72, 15.
[311] Über ihn s. Anm. 200.

Die Kamelin ist nahe daran, aber hat die Räude
noch nicht, und der Knecht hat ihr[312] für Münzen
Klee gekauft.

Dieser Vers wird auch in einer Ode an-Nābighas[313] überliefert. Ihr beide werdet ja zu den großen Dichtern gerechnet. Worauf ist diese Unsicherheit in der Zuschreibung zurückzuführen?»

Da antwortet ihm Aus: «Es ist mir zu Ohren gekommen, daß der Nābigha der Banū Dhubjān im Paradies ist (341); frag *ihn* doch nach dem, was du wissen willst, denn ihm steht es mehr an, diesen Dingen seine Aufmerksamkeit zu schenken als mir. *Ich* habe das alles vergessen. Feuer wird entfacht, Fingerspitzen verknotet;[314] und wenn mich der Durst überwältigt, dann taucht etwas vor mir auf, das aussieht wie ein Fluß; wenn ich aber davon schöpfe, um zu trinken, dann merke ich, daß es loderndes Feuer ist. O würde ich doch Darim – das ist jener, über den das Sprichwort sagt: ‹Darim ist mausetot.›[315] – Wahrlich, es sind Leute ins Paradies gekommen, die schlechter sind als ich,

aber die Vergebung ist Glückssache,[316] *wie der Besitz im Diesseits.*»

Darauf entgegnet der Scheich (möge seinem Freund von den Menschen Gehorsam widerfahren, und möge sein törichter Hasser eingeschüchtert werden!): «Ich wollte diese Worte von dir nur hören, um sie den Paradiesesbe-

[312] zur Heilung.
[313] Über ihn s. Anm. 64.
[314] … damit man sie nicht zur Erleichterung nagen kann.
[315] Zu ergänzen ist: Deshalb kann er keine Blutrache mehr nehmen.
[316] Das heißt, sie fällt einem zu oder auch nicht.

wohnern zu überbringen und dabei sagen zu können: ‹Aus hat mir gesagt›, und ‹Aus hat mir überliefert›.»[317]

Das Gespräch mit dem Hudhailiten Abū Kabīr

Unser Scheich sieht nun einen Mann im Höllenfeuer, den er von den anderen nicht unterscheiden kann. Er fragt ihn: «Wer bist du, o Unglücklicher?» Der Mann antwortet: «Ich bin Abū Kabīr, der Hudhailite.»[318] Unser Scheich: «Dann gehörst du ja zu den großen Hudhailitendichtern! – Aber ich schätze den folgenden Vers von dir gar nicht:

> O Zuhair! Gibt es denn keine Umkehr aus dem Alter? Und auch keinen Weg zurück zur frühen Jugend?

Denn in einem anderen Vers hast du gesagt:

> O Zuhair! Gibt es denn keinen Fluchtweg aus dem Alter? Und muß sich der Altersschwache ewig herumplagen?

und in einem dritten Vers:

> O Zuhair, gibt es denn keinen Ausweg aus dem Alter?

Diese Wiederholungen zeigen die engen Grenzen, die deinem poetischen Talent gesetzt sind. Warum hast du nicht

[317] Der Scheich möchte also eine Überliefererkette, einen Isnād (vgl. Anm. 36) haben.

[318] Zu den Hudhailiten s. Anm. 58. – Über Abū Kabīr, der noch zu Beginn des 7. Jahrhunderts gelebt zu haben scheint, ist wenig bekannt. Sein Dīwān enthält nur vier Oden und neunzehn Bruchstücke. Alle vier Oden haben dasselbe Versmaß und beginnen mit denselben Anfangsworten: O Zuhair! Gibt es denn keinen …

jede Ode verschieden beginnen lassen? Al-Asmaʿī[319] hat von dir nur diese drei Oden überliefert; man behauptet aber, daß er von dir noch jenes Gedicht überliefert habe, dessen Anfang lautet:

> O Zuhair, gibt es denn keine Möglichkeit, dem Alter zu entgehen?

(344) Aber wie schön sind deine Verse:

> Ich ging zu einer Wasserstelle, an der zwischen dem Winter und den Monaten des Sommerregens nur getrunken hatten
> schleichende Wölfe wie unbefiederte Pfeile, indem sie nachts die Tränke einer einsam lebenden, sich schlängelnden Viper aufsuchten,
> auf einem engen Weg, wo der Wolf beständig seinem Schatten folgt und geht, wie der nach einer Seite Geneigte geht.
> Ich wandte mich durstig ab von dem Wasser und verließ es, während die Wasserlinsen zitterten, als ob sie sein Schleier wären, der nicht weggezogen wurde.»

Abū Kabīr, der Hudhailite: «Wie kann ich mich nur durch glühende Kohlen durchnagen, um zu reichlich strömendem süßem Wasser zu gelangen? Doch die Worte der Höllenbewohner sind Heulen und Wehklagen, nur diese Möglichkeit haben sie, sich Erleichterung zu verschaffen. So geh nun deines Weges und gib acht, daß du nicht von deinem Reittier abgelenkt wirst!»

Unser Scheich (möge Gott ihm seine entlegensten Hoffnungen erfüllen!): «Wie soll ich nicht fröhlich sein, nachdem mir die ewige Barmherzigkeit verbürgt wurde. Ver-

[319] Über ihn s. Anm. 28.

bürgt hat sie mir derjenige, dessen Bürgschaft sich als wahr erweist und der allen jenen Sicherheit gewährt, die sich fürchten.»

Das Gespräch mit al-Achtal

(345) Plötzlich erblickt unser Scheich einen Mann, der sich vor Schmerzen krümmt, und er fragt: «Wer ist der da?» Ihm wird geantwortet: «Al-Achtal, der Taghlibit.»[320] Er spricht ihn an: «Deine dauernden Weinbeschreibungen haben dich zur Nahrung der Glut gemacht. Wie entzückt waren die Herren bei deinem Gedicht:

> Sie ließen die Lasttiere niederknien, dann zogen sie gefüllte Weinschläuche hinter sich her, die so aussahen, als ob sie unbekleidete Schwarze wären.
> Ich sprach: ‹Reicht mir den Morgentrunk, auf, beeilt euch!› Und kaum hatten sie ihre Lasten niedergelegt, da taten sie das auch schon.
> Sie gossen in das Gefäß einen Wein, der, als sie einen Blick auf ihn warfen, aussah wie ein sich verzehrender Feuerbrand,
> und brachten einen aus Bīsān,[321] der, als der Schenke ihn zum zweiten Mal kredenzt hatte, noch köstlicher war und leichter.
> Die Hände reichten ihn rechts und links herum, er

[320] Zusammen mit Dscharīr und al-Farazdaq (vgl. Anm. 278) einer der drei großen Dichter der Umaijadenzeit. Er war Christ. Als Lobdichter besang er Kalifen, insbesondere ʿAbdalmalik (reg. 685–705), Prinzen und Statthalter. Hochgeschätzt sind al-Achtals Gelageszenen, die er oft in seine Oden eingebaut hat. Im poetischen Streit zwischen Dscharīr und al-Farazdaq unterstützte er letzteren durch Schmähgedichte auf Dscharīr. Er soll um 710 gestorben sein.

[321] Stadt am Jordan, berühmt durch ihren Wein.

wurde hingestellt und gebracht mit den Worten ‹Wohl bekomme der Trunk›.
Manchmal wurde sein Ausschank unterbrochen; dann lauschten einige von uns dem Gesang einer Sängerin, andere machten sich an die am Spieß gebratenen Fleischstückchen.
Der Wein bereitet dem Ruhe Suchenden Genuß und ist köstlich für den Zecher; mich macht er wieder heiter und stolz!
Alsbald überkam uns ein kleiner Rausch, da man uns immer noch einmal eingeschenkt hatte.
Er kribbelte in den Knochen wie das Kribbeln von Ameisen, von denen das sandige, hügelige Land wimmelt.
Der Wein wuchs auf einem Weinberg, und dort ist auch der Kundige aufgewachsen, der mit seinen Füßen eifrig den Spaten tritt.
Wenn er von einem Stern für die Weinstöcke Durst fürchtet, dann läßt er auf sie einen rieselnden Wasserlauf fließen. –
Ich sprach: ‹Tötet die Tochter der Weinrebe, indem ihr sie mischt; wie liebenswert ist dieses Mädchen doch, wenn es getötet wird!›»

(347) Da entgegnete der Taghlibit: «Ja, ich zog den Schlauch hinter mir her, ich stieß auf den zum Kampf Gerüsteten, ich mied die schlimmen Dinge, und ich hoffte, daß die Seele, die Gott gedient hatte, zu ihm gerufen würde, aber der göttliche Ratschluß hat es nicht so gewollt.»

Darauf unser Scheich (möge Gott erlauben, daß sein Hasser vernichtet wird!): «Du hast zwei große Fehler begangen. Der Islam war gekommen, und du hast es unterlassen, in ihn einzutreten. Außerdem hast du dich den Sitten eines schamlosen Kerls angeschlossen und mit dem Kalifen Jazīd ibn

Muʿāwija[322] vertrauten Umgang gehabt. Du hast deiner Triebseele gehorcht und das Vergängliche dem Bleibenden vorgezogen. Wie kannst du da auf ein Entkommen hoffen?» Da stößt al-Achtal einen Seufzer aus, über den selbst die Strafengel staunen, und sagt: «Oh, die schönen Tage Jazīds! Ich roch bei ihm Ambra und hatte in seiner Nähe keinen Mangel an Jasmin; ich scherzte mit ihm wie mit einem Gefährten, und er ertrug mich wie ein Großer einen Untergebenen erträgt. Wie oft bekleidete er mich mit einem gestickten Gewand, das ich morgens und abends am Boden nach mir zog. Es ist mir noch jetzt, als ob ich bei den Sängerinnen wäre, die vor ihm musizierten und ihm sein Gedicht vorsangen:

> Sie[323] hat ihren Wohnsitz in al-Mātirūn,[324] wenn
> die Ameisen verzehren, was sie das Jahr über
> gesammelt haben.[325]
> Wenn sie dann kommt, hält sie sich in den Kirchen
> im Bezirk der Oase um Damaskus auf,
> in Zelten bei einem Dorf, um das herum die Oliven
> gereift sind.
> Sie bleibt stehen, um den Vollmond zu beobachten –
> doch schau, sie ist selbst der aufgegangene
> Vollmond!

Ich scherzte eines Tages mit dem Kalifen, während ich betrunken und im Kopf verwirrt war. Ich sagte:

322 Jazīd ibn Muʿāwija, der zweite Umaijadenkalif (reg. 680–683), gilt vielen Muslimen als frevelhafter Herrscher, für die Schiiten ist er geradezu das personifizierte Böse. Er war ein Genußmensch und hielt sich nicht an das islamische Weinverbot. Während seiner Herrschaft fiel der Prophetenenkel al-Husain (vgl. Anm. 173) in Karbalāʾ. – Andererseits ist festzustellen, daß Jazīd, der selbst poetisches Talent besaß, Dichter und Künstler förderte.

323 Eine Geliebte des Kalifen; ein Christenmädchen.

324 Ein Ort bei Damaskus.

325 Das heißt: im Winter.

Möge es dir gut ergehen und mögest du
wohlbehalten sein, o Abū Chālid! Möge dein
Herr dich durch wohlriechende Minze beleben!
Du hast doch Hühnchen genossen und verzehrt;
gibt es eigentlich an Schweinen etwas auszusetzen?

Er lächelte nur kurz, dann kam auch schon sein Geschenk; so rasch, wie ein gezücktes Schwert zuschlägt.» Darauf unser Scheich (möge Gott seinem Talent Dauer verleihen!): «Deshalb hast du jetzt deine Strafe bekommen! Wußtest du denn nicht, daß jener (349) Mann sich dem Rechten hartnäckig widersetzte und hoch hinaufstieg auf die Berge der Sünde? Was weißt du über seinen Glauben: Hat er die Einheit Gottes bekannt, oder hast du bemerkt, daß er ein Ketzer war?»

Al-Achtal: «Es gefielen ihm folgende Verse:

O Chālida! Auf, berichte mir und enthülle mir
deine Geschichte; ich halte eine vertrauliche
Mitteilung gewiß nicht geheim![326]
Die Geschichte von Abū Sufjān,[327] als er die Heiden
nach Uhud zum Sieg führte,[328] bis er dort lauter
Weinende zurückließ,
und wie ʿAlī die Herrschaft erstrebte und sie ihm
entglitt, und wie das Glück sie dem Muʿāwija[329]
vermachte.

326 Die beiden Ereignisse, auf die in den Anfangsversen dieses Gedichts angespielt wird, waren für den Islam katastrophal oder doch wenig ruhmvoll; im ersten Fall war der Großvater, im zweiten der Vater Jazīds der Verantwortliche.

327 Abū Sufjān war der Großvater Jazīds. Er trat erst spät zum Islam über.

328 Siehe Anm. 253.

329 Muʿāwija, der erste Umaijadenkalif (reg. 656–680), war Jazīds Vater. Schon als Gouverneur von Syrien hatte er ʿAlī die Herrschaft streitig gemacht; nach ʿAlīs Ermordung wurde er dessen Nachfolger im Kalifat. Muʿāwija galt von jeher als unfromm; dagegen wird ʿAlī, der für die

Steh auf, Mädchen, und schenk mir zum zweiten
Mal einen Wein ein, den ein Christ aus einer
syrischen Weinrebe hat fließen lassen!
Wenn immer wir uns Gedanken über alte
Angelegenheiten machen, dann halten wir es für
erlaubt, dazu ununterbrochen Wein zu trinken:
Es ist unbestritten unter den Menschen, daß
Muhammad in Medina ins Grab gelegt wurde
und es dort auf ewig bewohnen wird!»[330]

Da spricht unser Scheich (Gott mache alle seine Zeiten glücklich!): «Fluch über dich! Die Dichter in Paradies und Hölle haben ihre Lob- und Liebesgedichte vergessen, aber du bist nicht so verwirrt, daß du von deinem Unglauben und deinen Missetaten abgelenkt bist!»

Satan, der die ganze Rede gehört hat, ruft nun den Strafengeln zu: «Ich habe niemals unfähigere Schwächlinge gesehen als euch, ihr Genossen Māliks!»[331] Darauf sie: «Wie kannst du das behaupten, o ‹Vater der Bitterkeit›?»[332] – Satan: «Hört ihr den Scheich da nicht über Dinge sprechen, die ihn ganz und gar nichts angehen? Er hat euch (350) und andere von der Arbeit abgehalten! Wenn einer von euch etwas Mumm in den Knochen hätte, dann würde er einen Sprung machen, bis er ihn erreichte, um ihn dann in die Hölle zu ziehen.»[333] Darauf die Strafengel: «Man kann

Schiiten der einzige rechtmäßige Nachfolger des Propheten ist, auch von den Sunniten als einer der ‹rechtgeleiteten Kalifen› hoch verehrt.

330 Nach dem Glauben der Mehrheit der Muslime lebt Muhammad – wie auch andere Propheten – nach dem Tode leiblich weiter. Er bleibt auf der Erde; ist aber frei, wenn er will, auch in den Himmel aufzusteigen.

331 Mālik, einer der Höllenwächter, ist ein Engel.

332 ‹Vater der Bitterkeit› und ‹Vater des Wirbelwindes› sind Beinamen Satans.

333 Man darf nicht vergessen, daß der Scheich ʿAlī ibn Manṣūr sich nicht in der Hölle befindet, sondern von den Grenzen des Paradieses aus in sie hineinschaut.

nichts machen, o ‹Vater des Wirbelwindes›! Wir haben keinen Zugriff auf die Bewohner des Paradieses.»

Als unser Scheich hört, was Satan sagt, schmäht und verflucht er ihn und zeigt ihm seine Schadenfreude. Darauf sagt Satan (verflucht sei er): «Ist euch Schadenfreude nicht verboten, o ihr Kinder Adams? Aber ihr habt euch ja, Gott Lob!, von keiner Sünde abhalten lassen, vielmehr habt ihr sie dann doch begangen!» Darauf der Scheich (möge Gott ihn stets Gutes tun lassen!): «*Du* hast als erster Schadenfreude gezeigt, und zwar bei Adam; und derjenige, der anfängt, ist der größere Übeltäter!»

Nun wendet sich der Scheich wieder dem Gespräch mit al-Achtal zu und fragt ihn: «Hast *du* eigentlich folgende Verse gedichtet:

> Ich faste nicht freiwillig im Ramadān und esse
> das Fleisch der Opfertiere[334] nicht.
> Ich stehe nicht da wie ein Wildesel und rufe nicht
> dabei kurz vor dem Morgen: ‹Auf zum Heil!›[335]
> Vielmehr trinke ich kühlen, reinen Wein und bete
> nur zur Zeit des Tagesanbruchs.»

Al-Achtal: «Jawohl, und ich bereue und beklage es jetzt. Aber – hat die Reue dem Mann aus dem Stamme Kusaʿ genützt?»[336]

[334] Gemeint ist: beim islamischen Opferfest.

[335] Das ist ein Teil des muslimischen Gebetsrufes.

[336] Eine sprichwörtliche Redensart. Sie wird auf folgenden Vorfall zurückgeführt: Ein Mann von dem Stamme Kusaʿ zerbrach aus Ärger seinen Bogen und seine Pfeile, weil er – wie sich später herausstellen sollte, irrtümlich – annahm, er hätte bei der Jagd einen Wildesel nicht getroffen. Als er später den getroffenen Wildesel und seine blutgeröteten Pfeile sah, bereute er die voreilige Tat – zu spät.

Das Gespräch mit Muhalhil

(351) Nun wird unser Scheich der Gespräche mit den Höllenbewohnern überdrüssig, und er wendet sich wieder seinem hohen Schloß zu. Als er eine Meile oder zwei gegangen ist, fällt ihm ein, daß er nicht nach dem Taghlibiten Muhalhil gefragt und auch die beiden Räuberdichter asch-Schanfarā und Taʾabbata Scharran vergessen hat.

So geht er denselben Weg zurück. Er bleibt an jenem Ort stehen und ruft: «Wo ist Muhalhil ʿAdī ibn Rabīʿa?»[337] (352) Man antwortet ihm: «Drück dich genauer aus!» Er: «Ich meine jenen, von dem die Sprachgelehrten folgenden Vers als Beleg anführen:

> Sie schlug ihre Brust vor mir und sagte: O ʿAdī,
> mögest du doch starke Beschützer[338] haben!

und seinen anderen Vers:

> Was soll ich im Leben noch erhoffen, nachdem
> die Freunde alle den Kelch des Todes zu trinken
> bekommen haben.»

Da wurde ihm gesagt: «Du beschreibst deinen Genossen durch etwas, von dem wir keine Kenntnis haben: Was sind ‹Sprachgelehrte›? Und was ist ‹Als-Beleg-Anführen›? Was ist das für ein Gefasel? Wir sind die Wächter der Hölle. Leg dein Anliegen klar dar, dann wird man deinem Wunsch willfahren.» Der Scheich: «Ich wünsche, die Bekanntschaft

[337] Einer der ältesten bekannten arabischen Dichter; er soll der Onkel von Imraʾalqais (s. Anm. 104) gewesen sein; sein Enkel war ʿAmr ibn Kulthūm (s. Anm. 205). Durch die Ermordung seines Bruders Kulaib Wāʾil wurde ein langjähriger Stammeskampf ausgelöst. Muhalhils Gedichte sind überwiegend mit diesem Krieg verbunden. – Muhalhil soll die Form der altarabischen Ode (Qasīde) entwickelt haben.

[338] Gemeint ist: in der Schlacht.

des Taghlibiten Muhalhil zu machen, des Bruders jenes Kulaib Wā'il,[339] der ins Sprichwort eingegangen ist.» (353) Darauf antwortet man ihm: «Sieh, da ist er. Er hört deine Rede. Sag ihm, was du willst.»

Der Scheich: «O 'Adī ibn Rabī'a, wie leid tut mir, daß du in diesen Ort eintreten mußtest! Wenn ich nur Mitleid mit dir hätte wegen deiner Ode:

O unsere Nacht in Dhū Husam, werde hell!
Wenn du zu Ende bist, so kehre nie zurück![340]

dann wäre dieses Gedicht allein schon dazu angetan, das Mitleid mit dir unendlich groß zu machen. Und wenn ich deine Verse über deine Tochter rezitiere, die in den Stamm der Dschanb einheiratete, dann strömen meine Augen über von Tränen.»

Das Gespräch mit den beiden Räuberdichtern

(358) Dann fragt der Scheich nach asch-Schanfarā, dem Azditen.[341] Er trifft einen Mann an, der sich nicht beklagt und beschwert über den Zustand, in dem er sich befindet. Unser Scheich: «Ich sehe, daß du nicht so ruhelos bist wie deine Gefährten.» Asch-Schanfarā: «Ja, so ist es. Ich habe im trügerischen Diesseits einen Vers gedich-

[339] Siehe Anm. 337.

[340] Dies ist der Anfang der Trauerode auf seinen Bruder. – Dhū Husam ist ein Wadi im Nadschd.

[341] Ein ‹Räuberdichter›. – Er war durch Gefangenentausch in einen Stamm gekommen und soll in diesem um ein Mädchen geworben haben. Der abschlägige Bescheid soll ihn zu lebenslanger Rache an diesem Stamm veranlaßt haben. So mußte er ein Leben als Ausgestoßener und Räuber führen. Um 550 soll er ermordet worden sein. – Diesem Dichter wird eine berühmte Ode zugeschrieben, in der er sein abenteuerliches Leben höchst eindrucksvoll beschreibt.

tet, und ich richte mich nach ihm bis in alle Ewigkeit. Er lautet:

> Er irrte, sie irrte, danach bereute er, und auch
> sie bereute. Wenn die Klage nichts nützt, so ist
> die Geduld am besten.»

Und siehe da! Asch-Schanfarā ist vereinigt mit Taʾabbata Scharran,[342] wie er es schon im trügerischen Diesseits war.

(359) Unser Scheich (Gott möge seinen Anteil an der Vergebung mehren!) fragt den Taʾabbata Scharran: «Ist es eigentlich wahr, was man von dir berichtet hat, nämlich daß du Dämoninnen geheiratet hast?» Darauf er: «Wir pflegten in der vorislamischen Zeit Lügen zu schmieden und Gerüchte zu verbreiten. Alles, was man dir von uns berichtet hat, widerspricht dem gesunden Menschenverstand; es ist Lüge. Die ganze Menschheitsgeschichte ist von der gleichen Art: Was Maʿadd ibn ʿAdnān[343] erlebt hat, unterscheidet sich nicht von dem, was das letzte Kind Adams erleben wird.»

Darauf der Scheich (möge Gott ihm reichlich Vergebung spenden!): «Uns sind aber folgende Verse überliefert worden, die dir zugeschrieben werden:

> Ich bin es, der Dämoninnen geheiratet hat in einem
> Lande, wo kein Aprilregen taut noch strömt,
> wo der am Morgen Reisende sich verirrt und der
> Strauß keine bittere Koloquinte sucht.

342 Dieser Dichter, ein Mitstreiter asch-Schanfarās, wird als Inbegriff des fahrenden Ritters und Räubers der arabischen Vorzeit geschildert. – Goethe hat in den «Noten und Abhandlungen» zum *Westöstlichen Divan* (Kapitel ‹Araber›) eine seiner Oden (nach einer englischen Vorlage) übersetzt und besprochen. Er bezeichnet ihren Charakter sehr treffend als «düster, ja finster, glühend, rachlustig und von Rache gesättigt».

343 Der sagenhafte Stammvater der Nordaraber.

Ich habe mir die Zeit vertrieben mit einem
Mädchen, dessen Eckzähne spitz und glänzend
waren, einer jungfräulichen, die mir im Scherz
einen Becher und Dattelbüschel zu entreißen
suchte.
Auf einmal war die Zeit mit ihr vorbei, und die Zeit
der grauen Haare war gekommen. So gedenke
denn der schönen Tage, die vergangen sind!

Daß das Gedicht von dir stammt, habe ich aus gewissen Eigenarten seines Stils geschlossen.» Aber Taʾabbata Scharran antwortet ihm nichts Gescheites.

Fünfter Teil

DIE RÜCKKEHR INS PARADIES

Die Begegnung mit Adam

(360) Als unser Scheich bemerkt, daß die Höllenbewohner allesamt nur wenig Perlen zu bieten haben, läßt er sie in der ewigen Pein zurück und begibt sich wieder zu seinem Ort in den Paradiesgärten. Da trifft er auf dem Weg Adam (Frieden sei mit ihm!).[344] Er spricht ihn an: «O unser Vater – Gott segne dich! – man hat uns von dir ein Gedicht überliefert,[345] in welchem die Verse vorkommen:

> Wir sind die Kinder und Bewohner der Erde; aus ihr wurden wir geschaffen, und zu ihr kehren wir zurück.
> Das Glück bleibt nicht bei denen, die es haben; aber die Nächte des Glücks löschen das Unglück aus.»

Darauf Adam: «Was in diesen Versen gesagt wird, ist wahr; und wer sie gedichtet hat, war ein weiser Mann. Ich aber höre sie jetzt zum ersten Mal.»

Der Scheich (möge Gott seinen Anteil an der Belohnung vermehren!) entgegnet ihm: «Vielleicht hast du, o unser

[344] Adam wird im Islam als erster Mensch, aber auch als Prophet angesehen.

[345] Es gibt in der theologischen Literatur tatsächlich gelehrte Abhandlungen über die Frage, ob dieses Gedicht von Adam stamme oder nicht.

Vater, diese Verse gedichtet und sie dann wieder vergessen. Du weißt ja selbst, daß du sehr vergeßlich bist. Als Beleg hierfür genüge dir jener Koranvers, der in der Offenbarung Muhammads (Gott segne ihn!) rezitiert wird:[346]

Wir machten einen Bund mit Adam vormals:
doch er vergaß, wir fanden nicht an ihm Bestand.

Ein Gelehrter hat sogar behauptet, daß du nur aufgrund deiner Vergeßlichkeit[347] ‹Mensch›[348] genannt wurdest. Daß ‹Mensch› von ‹Vergessen› kommt, wird auch von Ibn ʿAbbās[349] überliefert; und Abū Tammām[350] hat gedichtet:

Vergiß nicht jene Vereinbarungen! Indessen wirst
du ‹Mensch› genannt, weil du vergeßlich bist.»

Darauf Adam (Gott segne ihn): «Ihr Kinder wollt mir unbedingt ungehorsam sein und mich kränken. Als ich im Paradies war, sprach ich Arabisch.[351] Nachdem ich dann auf die Erde gefallen war, änderte sich meine Sprache und wurde die aramäische, und ich habe bis zu meinem Tode keine andere Sprache als Aramäisch gesprochen. Als mich der große und (326) erhabene Gott dann ins Paradies zurückkehren ließ, sprach ich wieder Arabisch. Zu welcher Zeit soll ich also das Gedicht verfaßt haben: im Diesseits oder im Jenseits? – Der Mann, der es gedichtet hat, muß es in der schlechteren Welt gemacht haben. Denk doch nur an den einen Halbvers dieses Gedichts:

[346] Sure 20, 115. – Übersetzung von F. Rückert.

[347] Arabisch *nisjān.*

[348] Arabisch *insān.*

[349] ʿAbdallāh ibn ʿAbbās (gest. 687), ein Vetter des Propheten, gilt als Begründer der Koranauslegung. Auf ihn werden zahlreiche koranexegetische Traditionen zurückgeführt.

[350] Über ihn s. Anm. 288.

[351] Nach muslimischem Glauben ist Arabisch die Sprache des Paradieses und der Engel.

Aus Erde sind wir geschaffen, und zu ihr kehren
wir zurück!

Wie soll ich diese Worte gesagt haben, wo doch meine Sprache auf der Erde das Aramäische war? Bevor ich das Paradies verließ, kannte ich den Tod nicht, und ich wußte nicht, daß er den Menschen auferlegt wurde, daß er ihnen angehängt wird wie den Tauben die Halsbänder und daß er niemandes Sicherheit an Leib und Leben respektiert. Und nach meiner Rückkehr ins Paradies wären die Worte ‹zu ihr kehren wir zurück› von mir sinnlos gewesen. Denn eine solche Aussage wäre ganz gewiß unwahr gewesen, wo wir, die Schar der Paradiesesbewohner, hier doch ewig bleiben und die Unsterblichkeit erlangt haben.»

Darauf entgegnet ihm der Scheich (möge ihm das vollkommene Glück bestimmt sein!): «Einige Leute, die sich mit Vorzeitgeschichten befassen, behaupten, daß Ja'rub[352] dieses Gedicht in alten Heften in aramäischer Sprache gefunden und es dann in seine Sprache übertragen habe; und das ist nicht unmöglich. – Desgleichen überliefert man von dir (Gott segne dich!) folgende Verse, die du gesprochen haben sollst, als Kain Abel erschlug:

Das Land und seine Bewohner haben sich
gewandelt; das Antlitz der Erde ist mit Staub
beschmutzt und häßlich.
Das Quartier ihrer Bewohner verfiel. Sie zogen
fort, und man ließ das schöne Antlitz[353] im
Erdboden zurück.

Einige rezitieren statt des letzten Halbverses:

und der freudige Ausdruck des schönen Antlitzes
ist geschwunden.»

[352] Der Stammvater der Südaraber.
[353] Gemeint ist wohl: das schöne Gesicht Abels.

(364) Darauf Adam: «O ihr Schar meiner Kinderlein, ihr tut mir wahrlich leid! Ihr seid tief im Irrtum befangen. Ich schwöre: Ich habe dieses Gedicht nicht verfaßt, und es ist auch nicht zu meiner Zeit entstanden. Vielmehr hat es irgend jemand in seinen Mußestunden gedichtet. Es gibt keine Macht und keine Stärke außer bei Gott! Ihr habt Lügen verbreitet über euren Schöpfer und Herrn,[354] dann über euren Vater Adam, dann über eure Mutter Eva, und schließlich habt ihr einer über den anderen Lügen verbreitet. Und so kehrt ihr zur Erde zurück.»

Das Gespräch mit den beiden Schlangen

Darauf zieht unser Scheich eilends im Paradies weiter. Unversehens befindet er sich in einem hübschen Garten. Dort erblickt er Schlangen, die spielen und sich gegenseitig ins Wasser werfen, die sich balgen und zur Erde fallen lassen. Er sagt: «Es gibt keinen Gott außer Gott! Was macht denn eine Schlange im Paradies?» Da verleiht Gott (seine Macht ist groß!) einer von ihnen menschliche Sprache, nachdem er ihr die Kenntnis dessen, was dem Scheich durch den Kopf geht, eingegeben hat, und sie sagt: «Hast du in deinem Leben nicht von ‹der Bewohnerin des Felsens› gehört, die einem menschlichen Partner so lange die Treue hielt, wie er dies tat?

Sie pflegte in einem fruchtbaren Flußtal zum Wasser zu kriechen. Ihre Lebenszeit verging nicht, ohne Frucht zu bringen: Sie tat ihrem Partner Gutes[355] beim zweitägigen,

[354] Vgl. Sure 39, 32: «Doch wer ist schuldiger als wer da log auf Gott – und Lügen zieh die Wahrheit, – nachdem sie zu ihm kam?» (Übersetzung von F. Rückert)

[355] Aus dem folgenden – und auch aus dem sogleich unten wiederzugebenden Gedicht an-Nābighas, das al-Maʿarrī hier paraphrasiert – ergibt

mittäglichen Gang zur Tränke – der Ungläubige und der Gläubige werfen einander nichts vor. Als Gott nun das Vermögen des Mannes durch ihre Freundschaft reich vermehrt hatte und dieser hoffen konnte, sich alle seine Wünsche zu erfüllen, (365) da fiel ihm wieder seine Blutrache ein, die er an ihr zu nehmen hatte, und er machte sich an die Ausführung der Tat. Er langte sich ein hergerichtetes Beil, dessen Schneide er für die Vertrauensvolle schärfte, und stellte sich in Erwartung der Herbeieilenden bei einem Felsen auf. Er hatte im Sinn, sich an ihr im nachhinein zu rächen; sein Bruder zählte nämlich zu jenen, die sie getötet hatte; sie war ihm bei dem Vorfall in offener Feindschaft gegenübergetreten oder hatte ihn, wie auch gesagt wird, getäuscht. Der Mann versetzte der Schlange einen Schlag – wie leicht bekommt man doch den bitteren Todesbecher zu trinken! Alsbald bemerkte der Mann den Verlust; er hatte nämlich keinen Ersatz für die Vertraute. Nachdem sie nun aber bewahrt worden war vor dem Schlag seines Beils – der Haß hatte die Ausführung beeinträchtigt –, bereute er heftig, was er getan; doch wer macht ihm das Geschehene ungeschehen? Er sprach zur Schlange in betrügerischer Absicht und sagte, weil er etwas verheimlichte, nicht offen die Wahrheit: ‹Möchtest du, daß wir wieder Freunde werden und den Pakt durch zwei Eide schützen?› Er forderte sie in schamloser Weise zu einem Bund auf, nachdem er doch schon die Milch des Verrates getrunken hatte. Die Schlange entgegnete: ‹Nie und nimmer tue ich das! Wie oft wurde schon ein Rücken durch die Wechselfälle des Schicksals gebrochen. Ich merke, daß du ein törichter Betrüger bist. Du hast es in deiner Partnerschaft

sich klar: Die guten Taten der Schlange dem Menschen gegenüber bestehen darin, daß sie, die seinen Bruder getötet hat, ihm das Blutgeld in regelmäßigen Raten ausbezahlt.

nicht unterlassen, auf meinen Tod zu sinnen. Mich hält ein Schlag über meinem Kopf von einer Freundschaft ab, um die ich mich einst heftig bemühte. Und zwischen dir und deinem Wunsch nach Freundschaft liegt ein ausgehobenes Grab.[356] Aber gute Werke gibt es in Hülle und Fülle!›[357]

(366) An-Nābigha von den Banū Dhubjān[358] hat das beschrieben. Er hat gedichtet:

Ich werde von jenen unter ihnen, die Groll gegen
mich hegen, Kummer erfahren: Kummer wie
den, worüber am Morgen die Schlaflose klagt,
etwas wie jenes, das der ‹Bewohnerin des Felsens›
von ihrem Vertragspartner widerfuhr. Sie pflegte
ihm an jedem zweiten Tag mittags das Blutgeld
zu zahlen.
Als er sah, daß Gott sein Vermögen Früchte
bringen ließ, daß er dadurch glücklich geworden
war und Gott seine Armut abgewendet hatte,
da langte er sich von den Hauwerkzeugen ein Beil
mit einer Schneide aus Stahl, die er noch einmal
schärfte,
und stellte sich über einen Fels bei ihrer Höhle,
um sie zu töten; doch seine Hand verfehlte die
Schlange.
Nachdem Gott sie vor dem Schlag des Beiles
bewahrt hatte – für die Redlichkeit ist nämlich
ein Auge da, das immer blickt und nie schläft –,

356 Gemeint ist: das des Bruders.

357 Das heißt wohl: Wir wollen zukünftig lieber auf Freundschaft und gegenseitige gute Taten verzichten! Wohltaten kann man in ausreichender Zahl auch anderen erweisen!

358 Siehe Anm. 64.

da sagte der Vertragspartner: ‹Komm, laß uns
Gott zum Zeugen eines neuen Paktes zwischen
uns machen, bis du mir das restliche Blutgeld
bezahlt hast!›
Sie erwiderte: ‹Gott bewahre, daß ich das tue!
Ich glaube, daß du nicht ganz bei Sinnen bist.
Dein Eid war falsch!
Darauf mich einzulassen, hindert mich ein Grab,
das mir dauernd vor Augen steht, und der Schlag
eines durchdringenden Beiles über meinem Kopf.›»

(367) Eine andere Schlange erzählt: «Ich wohnte im Hause al-Hasan al-Basrīs.[359] Al-Hasan pflegte des Nachts den Koran zu rezitieren.[360] Ich lernte von ihm das Heilige Buch von Anfang bis zu Ende.» Darauf der Scheich (möge er stets und allerorts richtig handeln!): «Wie hast du al-Hasan zum Beispiel das Wort für Evangelium, *indschīl,* lesen hören? Es wird von ihm nämlich als *andschīl* – mit *a* statt mit *i* am Wortanfang – überliefert.» Die Schlange: «Ich habe ihn in der Tat so lesen hören. Eine Zeitlang habe ich mich nach al-Hasans Koranlesung gerichtet. Als er aber starb (Gott erbarme sich seiner!), verlegte ich meine Woh-

[359] Berühmter zur Mystik tendierender Theologe und Koranleser (s. folgende Anm.); wegen seiner Frömmigkeit, Gelehrsamkeit und Beredsamkeit war er hoch geschätzt. Er starb 728 in Basra.

[360] Die Koranrezitation oder -lesung ist eine eigene Wissenschaft im Islam. Da man ursprünglich nur das Konsonantengerüst eines Textes schrieb und nicht die Vokale, und da zudem zahlreiche Zeichen für Konsonanten mehrdeutig waren (erst später verwendete man Hilfszeichen für die Vokale und Punkte zur Unterscheidung der mehrdeutigen Konsonanten), war es unabdingbar, daß neben der schriftlichen Überlieferung des Korantextes eine mündliche Überlieferung herlief. Diese differierte aber von Koranleser zu Koranleser. Auf diese Weise bildeten sich zahlreiche Schulen, von denen später sieben (oder auch zehn) als gleichberechtigt und kanonisch anerkannt wurden. Al-Hasan al-Basrī hat eine eigene Schule gegründet. – Die Unterschiede zwischen den Lesarten der verschiedenen Schulen sind meist relativ gering.

nung in eine Wand im Hause des Abū ʿAmr ibn al-ʿAlāʾ.[361] Ich hörte Abū ʿAmr den Koran rezitieren – und wandte mich alsbald ab von den besonderen Lesarten der Überlieferung nach al-Hasan. So gab ich zum Beispiel (368) seine Aussprache *andschīl* mit *a* am Wortanfang auf und rezitierte fürderhin *indschīl.* Als Abū ʿAmr starb, behagte mir der Aufenthaltsort nicht mehr, und ich wechselte nach Kufa. Ich hielt mich nun in der Nachbarschaft des Hamza ibn Habīb[362] auf. Ihn hörte ich aber Dinge lesen, die die Kenner der arabischen Sprache verwerfen.»

Unser Scheich (Gott möge ihn den Frommen, Gottesfürchtigen nahe bringen!) ist von großem Staunen ergriffen über das, was er von dieser Schlange gehört hat. Darauf fragt sie ihn: «Möchtest du nicht eine Weile bei uns bleiben? Wenn ich will, kann ich meine Haut abschütteln, und dann werde ich sein wie die schönste der Sängerinnen des Paradieses. Würdest du meinen Speichel saugen, dann wüßtest du, daß er köstlicher ist als der Heiltrank, den Ibn Muqbil[363] in seinem Vers erwähnt:

> Sie gab mir einen rötlichen Heiltrank zu trinken;
> wenn immer er meine Knochen fröhlich macht,
> dann sind sie wirklich fröhlich!

Und wenn ich in dein Gesicht hauchte, dann würdest du merken, daß die Geliebte ʿAntaras[364] verglichen mit mir einen üblen Mundgeruch hat» (371) – dabei meint sie ʿAntaras Vers:

[361] Einer der sieben kanonischen Koranleser; er war, wie al-Hasan, Basrier. Er war auch ein bedeutender Philologe; s. Anm. 37.

[362] Einer der sieben kanonischen Koranleser; Kufier. Er starb 773.

[363] Dichter; Zeitgenosse des Propheten. Von seiner Dichtung werden gnomische Verse und die Beschreibung von Lospfeilen des Glücksspiels hervorgehoben. (Das Glücksspiel wurde dann im Islam, wie das Weintrinken, streng verboten.) Er starb nach 656.

[364] Über ihn s. Anm. 285. – Der Vers stammt aus seiner *Muʿallaqa.*

Es war, als wehte der Moschusduft in einem
Parfumbüchslein eines Händlers aus ihrem Munde
ihren Schneidezähnen zuvor nach dir hin –,

und wenn ich dein Kopfkissen dem meinen näherte, dann würdest du mich jener Frau vorziehen, über die Ibn Muqbil[365] sagt:

Sie verbrachte die Nacht schlafend, die Karawane
war beim Eintritt der Nacht aufgebrochen; aber
Frauen, die in den Gedanken der Liebenden sind,
ziehen nicht fort!
Es ist, als ob ihr Speichel Moschus auf weißem
Honig wäre, gemischt mit einem rötlichen Wein,
einem von Syrern gekauften.
O Herr, verweigere mir niemals ihre Liebe! Gott
wird sich eines Dieners erbarmen, der Amen
gesagt hat!»

Da erschrickt unser Scheich vor ihr (möge Gott seine Sicherheit fortdauern lassen!). Er läuft eilends ins Paradies und sagt zu sich selbst: «Wie soll man einer Schlange vertrauen, deren Ruhmestitel das Gift und deren liebste Beschäftigung der plötzliche Angriff ist?» Sie aber ruft ihm nach: «Komm her zu mir, wenn du zu Liebesfreuden strebst! Denn ich bin besser als jene Schlange, die ‹Tochter Māliks› genannt wurde und die ʿAntara in seinem Vers erwähnt:

Nicht hat mich die Schlange[366] ‹Tochter Māliks›
in Hurerei geboren, und mein Wort ist nicht
das Gerede des Lügners!

[365] Über ihn s. Anm. 363. – In den folgenden Versen, dem Anfang einer Ode, gestaltet der Dichter das Motiv des ‹Trennungsmorgens› (s. Anm. 124).
[366] ‹Schlange› ist hier im übertragenen Sinn aufzufassen.

Wenn du lange Zeit bei uns wohntest, so lange, bis du unsere Liebe und Fürsorge kennengelernt hast, dann würdest du es bereuen, wenn du im Diesseits je eine Schlange oder Schleiche getötet hast!»

Da ruft unser Scheich aus, während er die eindeutige Rede der Schlange hört: «Gott möge mir die Lippen der schönen Paradiesesjungfrauen verschließen, wenn ich Gefallen daran finde, diese Schlange zu küssen und ihren Speichel zu saugen!»

Die Rückkehr des Scheichs zu seiner Paradiesesjungfrau

Als unser Scheich seinen Weg durch die Ebenen des Paradieses fortsetzt, begegnet ihm jenes Mädchen, das aus der Frucht herausgekommen war. Sie sagt zu ihm: «Ich erwarte dich schon seit einer ganzen Weile. Was hat dich davon abgehalten, zu mir hier zurückzukehren? Ich war doch gewiß nicht so lange mit dir zusammen, daß ich dir durch meine Unterhaltung den Ort verleidet hätte! Mir steht zu, von dir vorgezogen zu werden, so wie die junge Braut von ihrem Gatten vor seinen anderen Ehefrauen durch ein besonderes Geschenk ausgezeichnet wird.»

Der Scheich erwidert: «Ich hatte das sehnliche Verlangen, mit den Bewohnern des Höllenfeuers zu reden. Sobald ich mir diesen Wunsch erfüllt hatte, bin ich zu dir zurückgekehrt. So folg mir durch die Ambrahügel und die Moschusdünen!»

Darauf durchzieht er mit ihr die Anhöhen des Paradieses und die Sanddünen der himmlischen Gärten. Sie spricht zu ihm: «O Diener Gottes, dem Gnade widerfuhr! Ich meine, daß du dir nun *das* mit mir zum Vorbild nehmen solltest, was einst Imraʾalqais[367] getan und in seinen Versen beschrieben hat:

(373) Ich erhob mich mit ihr, um zu gehen, dabei
zog sie über unsere Spuren die Schleppe eines
mit Figuren gezeichneten Gewandes nach.
Als wir den freien Platz des Stammes durchschritten
hatten und die gekrümmte Niederung eines Tales
mit sandigen Dünen sich uns darbot,
da faßte ich die beiden Schläfen ihres Hauptes und
zog sie zu mir; darauf bog sie sich über mich:
schlankwüchsig, und voll in den mit Spangen
geschmückten Waden.»

Da entgegnet ihr der Scheich: «Wie wunderbar ist doch die Macht Gottes! Du hast genau das getroffen, was ich mir im tiefsten Herzen gewünscht hatte. Aber woher kennst du denn den Imraʾalqais? Du bist doch in einer Frucht entstanden, weit ab von Geistern und Menschen.» Darauf das Mädchen: «Gott hat eben Macht über jedes Ding.»

Nun kommt unserem Scheich die Geschichte von Imraʾalqais in Dārat Dschuldschul[368] in den Sinn:

[367] Über ihn s. Anm. 104. – Die Verse stammen aus seiner *Muʿallaqa* (s. Anm. 87). In der Übersetzung F. Rückerts lauten sie:

Da führt' ich sie von hinnen, und hinter uns im Raum
Zog sie auf unsre Spuren des Kleids gestickten Saum;
Bis nun aus dem Gehöfte der Zelt' hinaus es ging,
Und uns des Tales Niedrung mit sand'ger Dün empfing;
Wo ich an beiden Schläfen sie faßt' und zu mir zog,
Die über mich schlankwuchsig und schwellend her sich bog.

[368] Auch diese Verse stammmen aus der *Muʿallaqa*. In der Übersetzung F. Rückerts lauten sie:

Erlebt' ich doch von ihnen vergnügte Tage gnug;
Voraus, bei Dāra Dschuldschul, was dort der Tag mir trug.
Da schlachtet' ich den Mädchen das Tier, auf dem ich ritt:
Und mein Gepäcke nahmen sie auf den ihren mit;

Gar manchen schönen Tag verlebtest du mit
ihnen, aber keiner war so schön wie der Tag
von Dārat Dschuldschul,
da schlachtete ich den Mädchen mein Reitkamel,
so daß man – wie seltsam! – dessen Sattel nun
tragen mußte.
Die Mädchen warfen sich immerzu sein Fleisch zu
und sein Fett, das aussah wie die gedrehten
Fransen der weißen Seide.

Alsbald läßt Gott (seine Majestät ist gewaltig!) großäugige Mädchen entstehen, die im Wasser irgendeines Paradiesflusses miteinander spielen und um die Wette tauchen. Darunter ist eine die schönste, so wie in der Geschichte von Imraʾalqais dessen Freundin die schönste war. Die Mädchen bewerfen sich gegenseitig mit bitteren Wasserpflanzen, die sich aber alsbald in den herrlichsten Duft des Paradieses verwandeln. Der Scheich schlachtet ihnen sein Reittier; er und die Mädchen essen von dessen Fleisch, das unbeschreiblich genußvoll und köstlich ist.

Wo sie die Stücke Fleisches sich warfen zu und fingen,
woran des Fettes Troddeln wie Seidenfranzen hingen.

Die Verse werden im Text nicht zitiert, da al-Maʿarrī sie als bekannt voraussetzen kann. – Zu diesen Versen haben spätere Generationen folgende Geschichte erzählt (diese ist natürlich nicht historisch, sondern aus den Versen ‹herausgesponnen›): Imraʾalqais, dieser große Dichter – und Lüstling, beobachtete eines Tages bei dem Ort Dārat Dschuldschul Mädchen seines Stammes beim Baden. Er nahm ihnen ihre Kleider weg und gab sie ihnen nur unter der Bedingung zurück, daß die schönste von ihnen, die er liebte, sich ihm nackt zeige. Um die Mädchen zu versöhnen, schlachtete er schließlich für sie sein Reitkamel und bereitete ihnen ein großes Fest.

Bei den Jambendichtern

Der Scheich kommt nun an Häusern vorbei, die nicht so hoch sind wie die des Paradieses. Er erkundigt sich nach ihnen und erhält zur Antwort: (374) «Das ist das Paradies der Jambendichter.[369] Darunter sind al-ʿAdschdschādsch, Ruʾba[370] und alle die anderen, denen Gott (375) (gepriesen sei er, der Große, der Spender!) vergeben hat. Ja, recht hat die auf uns gekommene Tradition, in der es heißt: ‹Gott liebt die edlen Dinge und verabscheut das Minderwertige.› Denn die Jambendichtung gehört zur minderwertigen Poesie. – ‹Ihr habt's nicht so gut gemacht, ihr Leute, und deshalb habt ihr's auch nicht so gut bekommen!›»

Da tritt ihm Ruʾba entgegen. Der Scheich spricht ihn an: «O Abū l-Dschahhāf! Was hat dich eigentlich den wenig gefälligen Reimen so zugetan gemacht? Du machst Jamben auf ganz widerspenstige Reimbuchstaben;[371] du hast keinen sprichwörtlich gewordenen Vers gedichtet, der in aller Munde ist,[372] und auch keine schön klingende Rede, die Gefallen findet.»

Ruʾba wird wütend und erwidert: «Du wagst es, mir das zu sagen, wo doch selbst al-Chalīl ibn Ahmad[373] und Abū

[369] Was für die Jamben-(Radschaz-)Dichtung gilt, nämlich daß sie weniger angesehen ist als die Oden-(Qasīden-)Dichtung (vgl. Anm. 284), gilt auch für die entsprechenden Dichter.

[370] Al-ʿAdschdschādsch (gest. um 710) und sein Sohn Ruʾba (gest. 762) gehören zu den bedeutendsten Jambendichtern. Beide lebten in Basra und Syrien. Al-ʿAdschdschādsch wandte als erster das jambische Versmaß auf die klassische Odenform an und verfaßte lange Lobgedichte in ihm (vgl. Anm. 378). Beide Dichter verwandten mit Vorliebe zahlreiche ausgefallene Wörter, weshalb die Philologen ihre Dichtung schätzten und oft zitierten.

[371] Vgl. Anm 49. – Es gibt im Arabischen Reimbuchstaben, auf die sich zahlreiche Reime finden lassen, und solche, auf die es schwierig ist zu reimen.

[372] Solche gnomischen Verse werden von den Arabern hoch geschätzt.

[373] Über ihn s. Anm. 208.

ʿAmr ibn al-ʿAlāʾ[374] mich zitiert haben und wo du dich in der vergänglichen Welt wiederholt eines Ausdrucks gerühmt hast, den jene von mir und meinesgleichen übernommen haben!»

Als unser Scheich (möge sein Gegner stets überwunden werden!) merkt, wie eingebildet und überheblich Ruʾba ist, sagt er zu ihm: «Wenn alle deine Jamben samt denen deines Vaters al-ʿAdschdschādsch eingeschmolzen und in eine Form gegossen würden, dann käme dabei keine einzige Ode heraus, die den Leuten gefällt. (376) Es ist mir zu Ohren gekommen, daß Abū Muslim[375] dich angesprochen hat und daß in seiner Rede der Ausdruck ‹der Sohn der Göre› vorkam. Du wußtest nicht, was eine Göre ist, und mußtest dich erst im Stamm danach erkundigen. Du hast Belohnungen von Königen entgegengenommen, ohne sie zu verdienen. Andere als du wären gewiß berechtigter gewesen, Gaben und Geschenke zu erhalten.»

Ruʾba: «Hat euer großer Meister in der alten Zeit, jener, von dem die Regeln herrühren,[376] etwa nicht meine Dichtung als Beleg angeführt? Und hat er mich etwa nicht als seinen Meister betrachtet?» – Darauf unser schlagfertiger Scheich: «Es ist überhaupt kein Ruhmestitel für dich, daß die Sprachgelehrten deine Dichtung als Beleg anführen. Wir haben nämlich herausgefunden, daß sie auch die Wörter einer dummen gemeinen Magd als Beleg anführen.[377] Und wie oft haben die Grammatiker Wörter von einem Kind

[374] Über ihn s. Anm. 37 und 361.

[375] Der Propagandachef der ʿAbbāsiden, dem diese hauptsächlich den Sieg über die Umaijaden verdankten. Er wurde bald nach der Machtergreifung der ʿAbbāsiden im Jahre 754 ermordet.

[376] Gemeint ist al-Chalīl ibn Ahmad; s. Anm. 208.

[377] Die Sprachgelehrten waren sehr erpicht darauf, den arabischen Wortschatz so vollständig wie möglich zu erfassen. Es wird behauptet, daß einige von ihnen gelegentlich nicht genügend auf die Kompetenz ihrer Gewährsleute achteten.

überliefert, das noch nicht mit Bildung und Literatur in Berührung gekommen war, und von einer Frau, die in der Verstoßung niemals Besuch erhielt.»

(377) Ruʾba: «Bist du zu dieser Wohnstätte gekommen, um mit uns zu streiten? Mach jetzt, daß du fortkommst, nachdem du dir aus unserer Dichtung Gott weiß was angeeignet hast.» Der Scheich (möge Gott seinen Gegner im Streit zum Schweigen bringen!): «Ich schwöre: Eure Dichtung taugt nicht für den Lobpreis;[378] sie ist nicht besser als flüssiges Pech. Ihr verschließt die Ohren des Gepriesenen mit Steinen, wo er doch durch wohlriechendes Aloeholz erfreut werden will. Und wenn ihr in eurer Ode die Beschreibung eines Kamels abgeschlossen habt, das ihr beklagt wegen der langen Mühe der Reise,[379] dann geht ihr über zur Schilderung eines schnellen Pferdes oder eines Hundes, der zur Jagd bellt. Ihr seid wahrlich nicht auf dem rechten Weg.» Ruʾba: «Gott (gepriesen sei er!) hat gesagt:[380]

> Sie langen dort sich Becher zu,
> kein Torenwort ist dort und keine Sünde.

Deine Rede *ist* aber Torenwort, und dir liegt nichts an Gerechtigkeit.»

Als der Wortwechsel zwischen dem Scheich und Ruʾba sich hinzieht, hört dies Ruʾbas Vater al-ʿAdschdschādsch.

[378] Der Lobpreis ist eine besonders hochgeachtete Gattung der arabischen und überhaupt der orientalischen Dichtung. (Man vergleiche hierzu Goethes Bemerkungen in den «Noten und Abhandlungen» zum *Westöstlichen Divan,* Kapitel «Einrede».) Al-ʿAdschdschādsch und Ruʾba haben in ‹ihrem› Versmaß, dem wenig geachteten Jambus, gerade auch Lobgedichte verfaßt.

[379] Im großen umaijadischen Lobgedicht geht dem eigentlichen Lobpreis sehr oft die Schilderung einer Wüstenreise voraus, bei der der Dichter insbesondere auch sein Kamel beschreibt. Die Reise führt den Dichter zum Gepriesenen.

[380] Sure 52, 23. – Übersetzung von F. Rückert.

Er kommt und bittet sie, vom Streit abzulassen und sich zu versöhnen.

Die Freuden der Ewigkeit

Nun denkt unser Scheich (möge Gott ihn an gute Werke denken lassen!) an die süße Erschlaffung des Körpers, die den Zecher nach dem Weingenuß überkommt. Er möchte diesen Zustand erleben, ohne (378) das Bewußtsein zu verlieren und ohne seine Klarsicht einzubüßen. Alsbald vermeint er in den jugendlichen Knochen das Kribbeln von Ameisen zu spüren, die in der mondhellen Nacht über den Sandboden laufen, und er stimmt die Verse des Dichters an:

> O Tadlerin, tränkest du den Wein, bis in deinen
> Gliedern immerfort Ameisen kriechen,
> dann würdest du mir verzeihen und wissen, daß
> ich für das verschwendete Vermögen das Richtige
> bekommen habe!

Dabei stützt er sich auf eine Decke von Seidenbrokat. Er befiehlt den großäugigen Paradiesesjungfrauen, diese Decke fortzubringen. Sie legen sie auf eines der Betten der Paradiesesbewohner, das aus Chrysolith oder Gold ist. Der Schöpfer läßt daran Ringe aus Gold entstehen, die das Bett auf allen Seiten umgeben, damit alle die Jünglinge und Jungfrauen, die im Heiligen Buch mit Perlen verglichen werden, einen von diesen Ringen ergreifen können. So wird der Scheich in diesem Zustand zu jener Wohnstätte gebracht, die für ihn im Hause der Ewigkeit errichtet wurde. Und immer wenn er an einem Baum vorbeikommt, besprengen ihn dessen Zweige mit Rosenwasser, das mit (379) Kampferwasser gemischt ist, und mit Moschus, der *nicht* aus Gazellenblut gewonnen wurde, der vielmehr durch den Beschluß Gottes, des Gnädigen, entstand. Von allen Seiten rufen ihm die Früchte zu, während er auf dem Rücken liegt: «Hast du Lust auf uns, o Abū l-Hasan, hast du Lust?» Und wenn er ein Büschel Trauben oder andere Früchte wünscht, dann fallen diese – mit dem Willen Gottes – von den Bäumen herab, und die göttliche Allmacht bringt sie zu seinem Mund. Die Paradiesesbewohner empfangen ihn mit verschiedenen Grüßen, ihr letztes Gebet ist jedoch: «Gelobt sei Gott, der Herr der Welten!»[381] Und so bleibt er in alle Ewigkeit; selig, mit allen Freuden beschenkt, in der endlosen Zeit, die die Wechselfälle des Schicksals nicht kennt und fern ist von Leid.

[381] Sure 1, 1.

LITERATURVERZEICHNIS

Edition und Teilübersetzungen

Abū-l-ʿAlāʾ al-Maʿarrī, *Risālat al-Ghufrān wa-maʿahā Risālat Ibn al-Qāriḥ.* Hg. ʿĀʾischa ʿAbdarraḥmān Bint asch-Schāṭiʾ. 4. Aufl. Kairo 1963 (Dhachāʾir al-ʿArab. 4).

–, (Teilübers. franz.:) Meïssa, M.-S., *Le Message du Pardon d'Abouʾ lʿAla de Maarra.* Préface de W. Marçais. Paris 1932.

–, (gekürzte Übers. beider Teile, franz.:) Abû-l-ʿAlâʾ al-Maʿarrî, *L'Epître du pardon.* Traduction, introduction et notes explicatives par Vincent-Mansour Monteil. Préface d'Etiemble. Paris 1984 (Collection UNESCO d'oeuvres représentatives. Série arabe).

–, (Teilübers. engl.:) Abul Alaʾ al-Maʿarri, *Risalat ul Ghufran. A Divine Comedy.* Translated ... by G. Brackenbury. Kairo 1943.

–, (Teilübers. engl.:) Nicholson, Reynold A., «*The Risālatu 'l-Ghufrān* by Abū 'l-ʿAlā al-Maʿarrī». Part I–II. In: *Journal of the Royal Asiatic Society* 1900, S. 637–720; 1902, S. 75–101, S. 337–362, S. 813–847.

Studien und Lexikonartikel

Asín Palacios, Miguel, *La Escatología musulmana en la Divina Comedia.* Madrid 1919.

(gekürzte englische Übersetzung:)
–, *Islam and the Divine Comedy.* Translated and abridged by Harold Sunderland. London 1926.

Bint asch-Schāṭiʾ, ʿĀʾischa ʿAbdarraḥmān, *al-Ghufrān li-Abī l-ʿAlāʾ al-Maʿarrī.* Kairo, 3. Aufl. 1967.

–, «Abū 'l-ʿAlāʾ al-Maʿarrī». In: *The Cambridge History of Arabic Literature. ʿAbbasid Belles-Lettres.* Ed. by Julia Ashtiany et. al. Cambridge etc. 1990, S. 328–338.

Blachère, Régis, «Ibn al-Qāriḥ et la genèse de l'Epître du pardon d'al-Maʿarrī». In: ders., *Analecta.* Damaskus 1975, S. 431–442.

LITERATURVERZEICHNIS

Übersetzungen des Korans

Der Koran. Aus dem Arabischen übertragen von Max Henning. Einleitung und Anmerkungen von Annemarie Schimmel. Stuttgart 1966 (Reclams Universal-Bibliothek Nr. 4206–10/10a-c).

Der Koran. Übersetzung von Rudi Paret. 2. Aufl. Stuttgart, Berlin usw. 1980.

Der Koran in der Übersetzung von Friedrich Rückert. Hg. von Hartmut Bobzin. Mit erklärenden Anmerkungen versehen von Wolfdietrich Fischer. 3. Aufl. Würzburg 2000.

Cerulli, Enrico, *Il ‹Libro della Scala› e la questione delle fonti arabo-spagnole della Divina Commedia.* Vatikanstadt 1949.

Fleischhammer, Manfred (Hg.), *Altarabische Prosa.* Leipzig 1988 (Reclams Universal-Bibliothek Bd. 1250).

Kratschkovsky, Ignaz, «Zur Entstehung und Komposition von Abū-l-ʿAlāʾs *Risālat al-Ghufrān*». In: *Islamica* 1 (1925). S. 344–356.

Grotzfeld, Heinz, «*wa-ʿallama «Ādama l-asmāʾa kullahā,* ‹und er lehrte Adam alle Namen› (Sure 2:31)». Text der am 25. Juni 1999 ... [an] der ... Universität Münster gehaltenen akademischen Abschiedsvorlesung.

Kremers, Dieter, «Islamische Einflüsse auf Dantes ‹Göttliche Komödie›». In: *Neues Handbuch der Literaturwissenschaft. Orientalisches Mittelalter.* Hg. von Wolfhart Heinrichs. Wiesbaden 1990, S. 202–215.

Laoust, Henri, «La vie et la philosophie d'Abou- l-ʿAlāʾ Al-Maʿarrī». In: *Bulletin d'Eudes Orientales* 10 (1944), S. 119–158.

Saleh, Moustapha, «Abū ʾl-ʿAlāʾ al-Maʿarrī, bibliographie critique». In: *Bulletin d'Eudes Orientales* 22 (1969), S. 133–204; 23 (1970), S. 199–309.

Scherberger, Max: *Das Miʿrāğnāme. Die Himmel- und Höllenfahrt des Propheten Muḥammad in der osttürkischen Überlieferung.* Magisterarbeit Freiburg 1999 (im Erscheinen begriffen).

Séguy, Marie-Rose (Hg.): *Muhammeds wunderbare Reise durch Himmel und Hölle.* Übers. aus dem Französischen von Christoph Burgauner. München 1977.

Sezgin, Fuat, *Geschichte des arabischen Schrifttums.* Bd. I–IX. Leiden 1967–1984.

Smoor, Piet, «Al-Maʿarrī». In: *The Encyclopaedia of Islam.* New Edition. Leiden 1960 ff., Vol. V, S. 927–935.

Strohmaier, Gotthard, «Chaj ben Mekitz – die unbekannte Quelle der Divina Commedia». In: ders., *Von Demokrit bis Dante.* Hildesheim, Zürich, New York 1996 (Olms Studien. Bd. 43), S. 449–465.

Thackston, W. M.: «The Miʿrājnāme». In: Şinasi Tekin/Gönül Alpay Tekin (Hg.): *Annemarie Schimmel Festschrift.* Harvard 1994, S. 263–299.